Daphné, enfin libre

L'auteure

Raconter des histoires est une activité à laquelle Sandra Dussault s'adonne depuis longtemps. Elle aime le faire pour Théo, son fils et pour les élèves auxquels elle enseigne. Mais elle le fait également pour elle, dans un cahier ligné qu'elle gardait, jusqu'à tout récemment, bien caché dans une armoire. *Daphné, enfin libre* est son premier roman, qu'elle a mûri pendant plusieurs années. Et pour ceux que cela pourrait intéresser, son cahier ligné contient d'autres histoires et elle n'a pas du tout l'intention de le ranger à nouveau au fond de l'armoire !

Vents d'Ouest

ado | drame

Sandra Dussault

Daphné, enfin libre

Catalogage avant publication de Bibliothèque et Archives nationales du Québec et Bibliothèque et Archives Canada

Dussault, Sandra, 1972-

Daphné, enfin libre

(Ado ; 89. Drame)
Pour les jeunes de 12 ans et plus.

ISBN 978-2-89537-186-1

I. Titre. II. Collection: Roman ado ; 89. III. Collection: Roman ado. Drame.

PS8607.U77D36 2010 jC843'.6 C2010-941224-9
PS9607.U77D36 2010

Nous remercions le Conseil des Arts du Canada de l'aide accordée à notre programme de publication. Nous reconnaissons l'aide financière du gouvernement du Canada par l'entremise du Fonds du livre du Canada pour nos activités d'édition. Nous remercions également la Société de développement des entreprises culturelles, la Ville de Gatineau ainsi que le CLD Gatineau de leur appui.

Dépôt légal - Bibliothèque et Archives nationales du Québec, 2010
Bibliothèque et Archives Canada, 2010

Révision : Raymond Savard
Correction d'épreuves : Renée Labat

Éditions Vents d'Ouest
109, rue Wright, bureau 202
Gatineau (Québec) J8X 2G7
Courriel : info@ventsdouest.ca
Site Internet : www.ventsdouest.ca

Diffusion Canada : PROLOGUE INC.
Téléphone : 450 434-0306
Télécopieur : 450 434-2627

Diffusion en France : Distribution du Nouveau Monde (DNM)
Téléphone : 01 43 54 49 02
Télécopieur : 01 43 54 39 15

Je tiens à remercier mes toutes premières lectrices,
Karen Thibault et Marie-Josée Marquis.
Provenant d'aussi loin que Singapour et Sept-Îles,
leurs courriels enthousiastes m'ont encouragée
à continuer d'écrire à mesure que je leur livrais
de nouveaux chapitres. Sans elles, mon roman
n'aurait probablement jamais vu le jour !

Merci également à tous ceux et celles qui m'ont
ensuite aidée à corriger et à améliorer cette histoire.
Votre aide m'a été très précieuse.

Sandra DUSSAULT

Chapitre premier

J'AI EU ma première planche à roulettes à neuf ans. Un oncle qui m'aimait beaucoup, mais qui aimait aussi faire enrager ma mère, me l'avait offerte pour Noël. J'avais sauté dessus, tout heureux, en me tenant aux murs du corridor chez mon oncle et je m'étais heurté le front sur le plancher de bois franc. On n'a pas idée du temps que ça peut prendre aux urgences, pendant la nuit du 25 décembre, uniquement pour trois points de suture…

De retour à la maison, maman avait rangé la planche au sous-sol, avec le mince espoir que je l'oublie avant l'été. Mais elle me connaissait et elle se doutait bien que dès les premiers jours de beau temps, j'allais réclamer l'objet. Elle m'acheta donc tout l'attirail de protection possible, pour éviter que la scène du réveillon ne se reproduise et, lorsqu'un jour de mai je décidai d'aller faire un tour dans la rue avec mon cadeau, elle sortit l'équipement et me harnacha des pieds à la tête en me bombardant de conseils de sécurité. Cela n'évita pas les blessures par la suite, mais leur gravité en fut grandement diminuée. Tous les étés, je visitais l'hôpital à quelques reprises : infections dues aux éraflures mal nettoyées, foulures, fractures, coupures et j'en passe. Mais ce n'était rien comparé à ce que j'allais subir l'année de mes dix-sept ans.

C'est curieux comme parfois une série de hasards peut causer des bouleversements majeurs dans une vie ! Si, quand j'avais neuf ans, mon oncle ne m'avait pas offert cette planche et si le jour de mes dix-sept ans je n'avais pas eu cet accident… Si, cinq semaines plus tard, j'avais fait une sieste l'après-midi où Marthe Gignac est arrivée dans ma chambre, ce jour-là, je n'aurais pas rencontré Daphné.

Certains appellent ça le destin, d'autres, la chance. Moi je n'y crois pas : c'est la vie, simplement. Et parfois, heureusement, la vie peut être très belle !

– Maman, arrête ! C'est ridicule !

Ma mère avait apporté un rasoir et avait l'intention de me faire une coupe à sa façon. C'était à se demander si elle savait que j'étais parfaitement capable de prendre un rendez-vous chez le coiffeur si j'en avais envie.

– Alex, tu ne peux pas garder les cheveux aussi longs ! Laisse-moi faire, tu ne vas pas le regretter.

Elle tenta à nouveau d'approcher le rasoir, mais je l'arrêtai d'un geste.

– Maman, stop. Je veux pas les faire couper. Tu peux ramasser ça.

L'heure des visites était bientôt terminée, heureusement, et j'allais m'en sortir encore une fois. Ça faisait des mois qu'elle échouait dans ses tentatives de me couper les cheveux et elle avait cru que le fait que je sois maintenant cloué au lit lui aurait rendu la tâche plus facile.

Elle se tourna vers mon père qui regardait la télévision dans un coin de la chambre.

– Qu'est-ce que t'en penses, Pierre ?

Il grommela quelque chose en changeant de poste.

– Pierre, aide-moi un peu !

Mon père s'arracha péniblement de la contemplation de l'écran et se tourna vers nous sans grand entrain.

– Johanne, laisse-le donc tranquille. Il est assez grand pour prendre ses décisions.

Ma mère se mit à ranger son équipement en maugréant.

– Merci beaucoup ! C'est vraiment très gentil de ta part !

– Enfin quoi, tu aimais mes cheveux longs quand on s'est connus !

Mon père me fit un clin d'œil avant de retourner à son émission. Je lui souris en guise de remerciement.

– Où sont les filles ? demandai-je à ma mère pour changer de sujet.

– Tu sais bien que le mardi soir, tes sœurs ont leur cours de karaté, répondit-elle un peu sèchement.

– Elles vont bien ?

Ma mère s'installa sur le lit et passa prudemment un bras autour de mes épaules. Elle ne restait jamais fâchée bien longtemps.

– Flavie s'ennuie beaucoup. Depuis ton accident, elle me parle de toi tous les jours. Je crois qu'elle s'inquiète.

– Et Charlie ?

– Bah, tu la connais. Elle joue les dures, mais dans le fond, elle se pose les mêmes questions que sa sœur !

Je souris.

Flavie et Charlie, six ans, étaient jumelles. Et si je n'avais pas eu onze ans de plus qu'elles, j'aurais pu, moi aussi, être leur jumeau. Nous avions tous les trois les cheveux bruns – qu'elles aimaient porter en tresses –, une peau qui devenait rapidement bronzée dès nos premières expositions au soleil, les mêmes yeux noisette avec des cils foncés, de longs doigts et des pieds tellement grands que dans mon cas, ça frisait le ridicule.

Des gens confondaient souvent mes sœurs l'une avec l'autre. Ils ne les connaissaient pas bien, car elles étaient aussi différentes que le jour et la nuit. Flavie aimait jouer à la poupée. Charlie préférait les jeux de société qui lui demandaient à réfléchir. Flavie était fascinée par les insectes, les araignées, les grenouilles, mais Charlie les avait en horreur et se mettait à hurler dès qu'elle voyait sa sœur s'approcher avec une de ces bestioles.

– Tu devrais leur téléphoner demain, suggéra maman. Elles seraient contentes.

– Oui, d'accord, je le ferai.

Une infirmière entra dans la chambre et annonça que les visites étaient terminées. Elle vint prendre ma température, mon pouls, replaça mes oreillers et ramassa un plateau sur ma table de chevet. Lorsqu'elle fut repartie, mon père s'exclama :

– Wow ! C'est comme à l'hôtel ici !

– Pas vraiment, lui dis-je. Tu devrais revenir à l'heure des repas, tu changerais d'idée assez rapidement !

Ma mère m'embrassa sur le front et mon père me serra dans ses bras.

– Encore une semaine mon grand et on te ramène à la maison.

– Ouais...

Malgré l'épisode du rasoir, je n'avais pas vraiment envie qu'ils partent. Je trouvais les journées longues dans cette chambre aux murs verdâtres, avec pour seules distractions la lecture et les allées et venues des infirmières de service.

L'hôpital était situé à Québec, et comme nous habitions la banlieue, mes parents ne pouvaient venir me faire une visite que deux ou trois fois par semaine. Au début de mon hospitalisation, mes amis étaient venus, avaient signé mes plâtres, mais s'étaient rapidement trouvé autre chose de plus important à faire. Je ne les avais presque plus revus. Mais bon, je ne leur en voulais pas. Il n'y avait rien d'emballant à venir me regarder, affalé dans un lit d'hôpital, incapable de bouger tellement j'avais d'os fracturés.

– Oh ! j'oubliais ! me dit papa avant de partir. J'ai eu des nouvelles de la compagnie d'assurances.

Il avait la mine sombre.

– Ils ne veulent pas nous payer.

– Pourquoi ?

– La planche à roulettes fait partie des sports non couverts par les assurances parce qu'ils sont classés « extrêmes », mais c'est aussi parce que ton cas n'est pas suffisamment grave.

– Quoi ? C'est une blague ?

C'était ridicule ! En plus d'une fracture du crâne qui m'avait laissé inanimé pendant trois jours, j'avais eu un fémur, un tibia, une clavicule, quelques côtes et l'os du nez fracturés, plusieurs ligaments déchirés et des dents cassées... et ce n'était pas suffisant !

– Il aurait fallu que tu perdes l'usage d'un doigt. Ou d'une jambe, c'est plus payant.

– Désolé, grognai-je, la prochaine fois je tenterai de faire mieux !

Il me sourit et mes parents quittèrent la chambre. Je me laissai retomber sur l'oreiller en soupirant.

Plus tard, je tentai de continuer la lecture du *Seigneur des Anneaux* que j'avais commencée avant mon accident. C'était la troisième fois que je le lisais en entier et je ne m'en lassais pas. J'étais fasciné par cette histoire, dont le sens de l'honneur des personnages, leur bravoure et leur fidélité étaient la marque. L'aventure de Frodon, son total dévouement au bien-être des peuples de la Terre du Milieu, m'avait fasciné dès que j'avais ouvert le premier des volumes de la trilogie.

Mais ce soir, rien à faire, je n'arrivais pas à me concentrer. C'était la quatrième fois que je recommençais la même page lorsque j'abandonnai, préférant fermer le livre et y revenir plus tard. Les images qui défilaient dans ma tête pendant que je lisais, n'avaient rien à voir avec l'univers de Tolkien.

Dans le tiroir de la table de chevet, à la gauche de mon lit, je trouvai un harmonica qui avait appartenu à mon grand-père. Il me l'avait donné quelques années plus tôt, mais je n'avais jamais vraiment tenté d'en jouer. D'ailleurs, je ne maîtrisais aucun instrument, préférant le sport à la musique. En rassemblant quelques affaires pour moi à la maison, ma mère avait trouvé l'instrument couvert de poussière et me l'avait apporté. Ce n'était pas le temps qui me manquait ici et j'avais pu en jouer amplement pendant mes longues journées de convalescence, car même avec une seule main de disponible, je pouvais me débrouiller. C'était étonnant comme en quelques semaines j'avais réussi à maîtriser l'instrument, du moins assez pour dépasser le stade des notes discordantes, inévitable pour un débutant. Maintenant, plusieurs morceaux étaient nettement reconnaissables, certains même, plutôt bien réussis. Souvent, les infirmières s'arrêtaient devant ma chambre pour écouter ma musique, un sourire rêveur sur les lèvres. Personne ne s'était plaint jusqu'à maintenant et j'avais même reçu plusieurs encouragements du garde de sécurité qui trouvait les soirées beaucoup moins longues depuis que j'avais commencé à jouer.

Je portai l'harmonica à ma bouche avec l'intention de jouer un air qui me posait quelques difficultés. Inspirant, puis soufflant à fond dans l'instrument, je produisis une note unique, lente et plaintive qui représentait bien l'état d'âme dans lequel je me trouvais. Seul et mort d'ennui. Je poussai un soupir et reposai l'harmonica sur mes genoux.

Non, pas ce soir.

J'éteignis la lumière et me repassai pour la vingtième fois le film de ce qui s'était passé plus d'un mois auparavant, le 15 avril, jour de mon dix-septième anniversaire. C'était devenu une habitude, chaque soir, de me remémorer l'accident. Je tentais de comprendre ce qui s'était produit. Où avais-je commis une erreur ? À quel moment exactement avais-je perdu le contrôle ? Y avait-il eu un signe, un détail qui aurait pu me prévenir de ce qui allait arriver ?

Nous étions, comme d'habitude, Butch, Vallières, Babe et moi avec nos planches, à tenter de fracasser le record du saut le plus haut, le plus compliqué ou le plus ridiculement dangereux. L'idée était d'épater la galerie, en l'occurrence, une bande de filles de troisième secondaire, qui nous suivaient presque partout. Ce n'était pas qu'elles étaient particulièrement intéressantes, mais c'était toujours flatteur de les entendre s'exclamer dès qu'on prenait un peu de hauteur. On mettait alors toute la gomme, en repoussant toujours plus loin les limites de notre zone de sécurité.

Il devait être autour de dix-sept heures et les filles étaient parties. Le soleil du mois d'avril commençait déjà à faiblir. Il avait fait chaud cette journée-là et il n'y avait plus de neige dans les rues. Alors, nous avions décidé de rentrer à la maison en roulant. Mes parents m'attendaient pour un souper d'anniversaire et j'avais invité les gars à se joindre à nous. C'était génial de pouvoir enfin redécouvrir toutes les possibilités qu'offrait la rue. Des bancs de parcs, des rampes d'escaliers, des blocs de béton, tout devenait prétexte à démontrer notre savoir-faire. Les gens nous regardaient passer avec, chez les uns, un sourire incrédule sur les lèvres et chez d'autres, un regard plein de désapprobation. Pour ceux-là, Butch lançait ses meilleures insultes et nous nous dépêchions ensuite de décamper avant que l'un d'eux ne se fâche vraiment.

Je sentais l'air frais me fouetter le visage et les vibrations des roues qui se déplaçaient sur le béton, sous la plante de mes pieds. J'étais devant les autres et nous dévalions nonchalamment une pente légère, entre deux rangées d'immeubles. Tout en bas, il y avait une intersection, avec un feu de circulation qui indiquait qu'il ne restait que quelques secondes aux piétons pour traverser. En pliant les genoux davantage, j'abaissai mon centre de gravité pour faire accélérer ma planche. Je savais qu'il y avait toujours une ou deux secondes, lorsque le feu passait au vert, avant que les voitures ne se remettent en mouvement. En atteignant le bord du trottoir, le soleil m'aveugla et m'empêcha de bien distinguer si la voie était libre. Je reconnus la voix de Vallières qui me criait quelque chose, mais j'étais déjà engagé sur la chaussée.

Un véhicule passa à quelques centimètres devant moi et pendant un quart de seconde, j'eus l'impression de m'en être tiré, mais le mouvement de l'air, provoqué par la vitesse du véhicule, me déséquilibra et ralentit ma course. Dans un hurlement de pneus et de klaxons, une deuxième voiture me percuta et mon corps effectua un vol plané. Ma tête heurta le sol en premier. J'entendis et sentis clairement le craquement d'une dent qui se brisait dans ma bouche. Ensuite, mon épaule gauche s'écrasa par terre à son tour. Nouveau craquement. Et le reste de mon corps suivit en rebondissant, comme un pantin désarticulé sur l'asphalte encore chaud.

Après m'être enfin immobilisé, le goût du sang dans la bouche et une douleur fulgurante à la jambe gauche me révélèrent que j'étais encore vivant. Je sentis toutefois que j'allais bientôt perdre conscience. Avant que mes paupières ne se referment, la dernière chose que j'aperçus fut une paire d'espadrilles de planchiste qui s'approchait en courant.

Chapitre II

LE LENDEMAIN de la visite de mes parents, le docteur Bélanger m'annonça que je serais transféré dans un autre département de l'hôpital, où je recevrais régulièrement des soins et des traitements en physiothérapie, jusqu'à ma sortie prévue dans environ une semaine.

– Par la suite, tu viendras en physio deux fois par semaine. Dans un mois, on enlèvera le plâtre et on verra comment évolue ton état. Ça te va, champion ?

Champion. Est-ce à moi qu'il parlait ? Le champion qui se retrouvait alité, les os fracassés en petites miettes ?

– Ouais, ça me va. Du moment que vous ne me demandez pas de danser le *merengue*.

Il sortit en rigolant, comme si j'avais fait la meilleure blague de la journée. Vers dix heures, on me transféra en fauteuil roulant, dans une chambre du département de physio. Un infirmier m'aida à placer mes effets dans les tiroirs et la table de chevet, puis à grimper sur le lit. Il n'était pas particulièrement bavard et lorsqu'il eut terminé, il prononça une unique phrase en regardant vaguement dans ma direction :

– Ton rendez-vous en physio est repoussé à quinze heures.

Petite phrase bien insignifiante, il faut le dire, mais qui allait bouleverser ma vie.

L'infirmier sortit de la chambre et la porte se referma. Je me retrouvais seul encore une fois. J'en avais assez d'être enfermé ici ! On était en mai, la période de l'année que je préférais. C'était le temps où la chaleur s'installait, les journées s'allongeaient, les jupes raccourcissaient.

Mes pensées s'égarèrent quelques minutes. Je me demandais ce que mes amis faisaient aujourd'hui. Quel jour étions-nous ? Jeudi, je crois. Ils devaient se préparer à passer la soirée au parc, à tenter d'impressionner les filles qui venaient voir le spectacle. J'imaginais Butch, mon meilleur ami, dans son pantalon trop grand, qui jetait sans arrêt des coups d'œil à Fanny. Il la contemplait tellement, que souvent, il ratait ses sauts et se ramassait sur le derrière. Mais ça faisait rire Fanny et il était content.

Il y avait Vallières, super concentré, qui tentait pour la 2538e fois d'effectuer une figure extrêmement difficile, le *ollie impossible*. Cette figure avait été inventée par un planchiste incroyable : Rodney Mullen. C'était notre idole à tous, mais Vallières le vénérait carrément. Il regardait religieusement toutes ses vidéos sur YouTube et tentait ensuite de reproduire ce qu'il avait vu. Vallières était plutôt doué, mais surtout très entêté et ce *ollie impossible* lui donnait du fil à retordre. Je me demandais parfois s'il allait le réussir un jour. Je l'avais essayé moi-même à quelques reprises, mais j'avais abandonné en déclarant que cette figure portait parfaitement bien son nom. Par la suite, l'acharnement de Vallières était devenu une espèce de blague entre nous : quand l'un des gars voulait obtenir quelque chose et que ça semblait impossible, on n'avait qu'à dire : « Oublie ça, c'est juste *ollie impossible* ! »

Je pensai aussi à Babe qui devait être debout, sa planche sur l'épaule, en faisant semblant d'être exténué, même s'il avait à peine fait un aller-retour sur la demi-lune. En vérité, Babe était un très mauvais planchiste. Il se donnait des airs de pro pour ne pas perdre la face. Je ne sais pas ce qui le poussait à continuer de nous suivre partout, mais nous l'acceptions parce qu'il avait toujours été là et que c'était notre ami. Je l'aimais bien, Babe.

Ouais, ils devaient être tous là en ce moment, à s'empiffrer de chips. Qu'est-ce que j'aurais donné pour aller les rejoindre !

– Bonjour !

Une toute petite femme venait d'entrer dans ma chambre. Elle était habillée d'une robe rouge très voyante avec de multiples volants en tissu vaporeux. Ses cheveux étaient noirs, relevés en un gros chignon serré au-dessus de son crâne et son visage avait une peau très claire. Elle me rappela un personnage de dessin animé que je regardais petit.

Elle s'approcha de mon lit avec un grand sourire, comme si elle me découvrait enfin, après des années de recherche acharnées.

– Je m'appelle Marthe Gignac et je suis travailleuse sociale, annonça-t-elle d'une voix haut perchée.

– Euh… oui. Bonjour.

Elle me tendit sa main droite, ornée de plusieurs bagues, pour que je la serre, mais remarquant tout à coup mon état, elle la retira rapidement, avec un petit « Oh ! » à la vue de tous ces bandages, attelles et plâtres. Étrangement, ma main droite n'était pas blessée et j'aurais très bien pu lui rendre sa poignée de main, mais je n'en avais pas vraiment envie.

– Qu'est-ce que… je peux faire pour vous ? lui demandai-je poliment en espérant qu'elle me réponde qu'elle s'était trompée de chambre.

Elle regarda autour d'elle, puis s'approcha davantage et se mit à me parler sur le ton de la confidence.

– J'ai entendu dire que tu étais ici depuis un petit bout de temps et que tu risquais de rester encore quelques jours.

– C'est si évident que ça ?

Mon ton était sarcastique.

Elle ne releva pas ma remarque, mais continua de manière hésitante, comme si elle cherchait à me dire quelque chose de délicat.

– J'ai avec moi une jeune fille un peu… hum… particulière… qui vient pour se faire soigner elle aussi. Elle a besoin de compagnie, tu sais, elle s'ennuie. Je me demandais si… hum…

si tu voudrais bien passer un peu de temps avec elle.

Je la regardai, un peu surpris de sa demande.

– Ça te permettrait, à toi aussi, de te changer les idées ! Vous pourriez discuter de musique, de cinéma, de littérature, de théâââtre !

Elle termina sa phrase en levant tragiquement les bras au ciel, comme si elle-même se trouvait sur une scène et y jouait le rôle de sa vie.

– Je sais pas…

J'aurais voulu pouvoir lui dire que j'étais très occupé, que j'avais des tonnes de choses à faire, mais, de façon évidente, ce n'était pas le cas, je ne pouvais me défiler.

– Elle s'appelle Daphné et elle a seize ans. Je suis certaine que vous allez bien vous entendre !

Je grognai quelque chose dans le but de lui faire comprendre que je n'étais pas intéressé, mais apparemment ce ne fut pas convaincant puisqu'elle s'écria en s'éloignant :

– Chouette ! Je vais aller la chercher et vous pourrez faire connaissance !

Elle ouvrit la porte d'un geste énergique et sortit, me plantant là comme l'épais que j'étais. Mais qui était cette Marthe Gignac ? Madame J'ai-pas-toute-ma-tête, oui ! Une survoltée qui voulait sauver le monde et qui tentait de m'intégrer dans ses plans.

J'étais là, à essayer de trouver le moyen de me cacher – ce qui n'était pas facile, vu mon état – quand la porte s'ouvrit de nouveau. Marthe Gignac entra, toujours avec son sourire exaspérant, suivie d'une fille qui devait être la fameuse

Daphné. Celle-ci ne me regardait pas, gardant les yeux fixés devant elle, sur le mur à ma droite, ses cheveux lui cachant la moitié du visage.

– Nous voilà ! s'écria Marthe Gignac excitée comme une puce. Daphné, je te présente... euh... je te présente...

Elle n'osait pas avouer qu'elle ne connaissait pas mon nom.

– Alex, dis-je, résigné.

– Alex ! C'est ça ! Daphné, je te présente Alex ! Alex, je te présente Daphné !

Daphné restait près de la porte qui s'était refermée. Elle fixait toujours le mur.

– Daphné, ma chérie, regarde un peu ton nouvel ami Alex !

– Je ne suis pas ta chérie et ce n'est pas mon ami, répondit Daphné d'une voix grinçante.

Marthe Gignac laissa échapper un petit rire nerveux en cascade.

– Oui, bon c'est une façon de parler ! Alex pourrait devenir ton ami, si tu le voulais bien.

– Je pense pas, non.

Il y eut un silence gêné. Je ne savais que dire. Cette fille aurait voulu être ailleurs, c'était assez évident et je n'avais pas spécialement envie qu'elle soit là moi non plus.

Constatant notre manque flagrant d'enthousiasme et parce qu'il n'y avait plus rien à dire, la dénommée Marthe s'exclama :

– Bien ! Je crois que je vais vous laisser quelques instants. Allez hop ! Faites connaissance !

Je la regardai, interloqué. Non ! Je ne voulais pas me retrouver seul avec cette fille... bizarre ! Je n'avais rien à lui dire et je n'avais qu'une envie : qu'elle s'en aille ! Mais la travailleuse sociale ne remarqua rien ou fit semblant de ne pas remarquer mon regard insistant. Elle fit demi-tour, ouvrit rapidement la porte et sortit.

Nous nous sommes donc retrouvés là, tous les deux comme des idiots, à ne pas savoir quoi dire. Je jetai un coup d'œil à Daphné. Elle n'avait pas bougé et fixait le plancher.

Elle était plutôt grande et très mince. Ses cheveux étaient noirs avec plusieurs mèches mauves. Ils semblaient sales et retombaient vers l'avant comme un rideau, cachant ses yeux. Elle était habillée d'un jeans délavé et d'un chandail kangourou gris rapiécé et trop grand pour elle, qui n'avait certainement pas visité de machine à laver depuis plusieurs jours. Elle portait de grosses bottes militaires noires et avait un sac en toile, passé en bandoulière sur son épaule. Mais qu'est-ce que cette fille venait faire ici ? Elle ne semblait pas malade, ni blessée, je ne voyais aucun plâtre, aucun bandage.

Je réfléchis un instant à la manière dont j'allais procéder pour me débarrasser rapidement de ce phénomène. Je ne voulais pas être désagréable, mais me faire imposer quelqu'un m'irritait profondément. C'était peut-être le temps passé en isolement qui m'avait rendu sauvage.

Je décidai de tenter une approche, parce que je n'avais pas d'autre choix, mais aussi parce que cette fille commençait à m'intriguer.

– Tu veux t'asseoir ? demandai-je.

Aucune réponse. Je sentais le malaise monter. Enfin, de mon côté. Daphné semblait très bien s'accommoder de sa situation.

Je tentai de dérider l'atmosphère :

– Bon, il paraît que je dois discuter avec toi de musique, de littérature et de théâtre. Et ça risque de durer assez longtemps, vu ma grande culture dans ces domaines. Alors, si tu veux bien t'asseoir.

Elle risqua un œil à travers son rideau capillaire.

– Te sens surtout pas obligé d'être drôle, grinça-t-elle. J'ai pas du tout envie de rire.

C'était une coriace ! Je devais revoir ma tactique.

– Peut-être que si tu m'expliquais un peu ce qui t'arrive, je comprendrais mieux, parce que maintenant, je t'avoue que je sais pas trop quoi penser.

Elle continuait de me regarder, mais ne semblait pas avoir la moindre intention de m'éclairer.

– Marthe Gignac arrive et te balance dans ma chambre quand je suis à moitié nu – c'est vrai, je n'avais que le bas de mon pyjama ! – et me demande de te faire la conversation alors que je sais rien de toi. Tu pourrais bien être, euh… je sais pas moi, une évadée de prison, une tueuse en série, une…

– Qu'est-ce que t'as eu ? m'interrompit-elle brusquement en pointant un index qui sortait à peine de la manche de son kangourou.

– Accident de planche. En fait, non, je me suis fait frapper par une voiture *pendant* que je faisais de la planche.

Elle réfléchit quelques instants tout en m'observant à travers le voile de ses cheveux.

– Ça fait combien de temps que t'es là ?

– Six semaines.

Je montrai ma jambe gauche.

– Fracture du fémur. Ils l'ont mise en extension, tu sais, comme dans les films, la jambe surélevée avec une poulie. Et maintenant, j'ai un plâtre encore un mois. Sinon, ben j'ai eu tout plein d'autres fractures et comme tu peux voir, j'ai fait une longue glissade sur l'asphalte.

Je touchai mon ventre dont la peau était rose, comme après un coup de soleil particulièrement féroce.

– J'ai une belle peau toute neuve, comme celle d'un bébé, dis-je en souriant bêtement.

À ce moment, cette fille, que je connaissais depuis quelques minutes à peine, fit quelque chose qui allait sur-le-champ bouleverser ma petite existence tranquille. Elle inspira profondément, comme si elle avait bien réfléchi et qu'elle venait de prendre une décision importante. Puis, elle rejeta brusquement ses cheveux en l'arrière, se tourna vers moi et me regarda. Ce que je vis me fit un peu peur. Il y avait d'abord cette teinte fortement violacée sur l'os de la joue et autour de ses yeux qui témoignaient de la rupture des vaisseaux sanguins à la suite d'un coup violent. Mais le pire, c'était son regard. J'y percevais un mélange de colère, de haine, d'infinie tristesse et de désespoir… Un regard difficile à soutenir parce qu'il impliquait une reconnaissance et une certaine responsabilité en face de ce désespoir. C'était comme un cri, un appel à l'aide silencieux.

Je me sentis mal à l'aise, immobilisé sur le lit, avec cette fille qui me regardait si intensément. Je me sentis surtout un parfait idiot d'avoir pu, un jour, me plaindre de mon état. Daphné avait dans ses yeux gris quelque chose de brisé, qui demanderait beaucoup plus qu'un plâtre pour être réparé.

Si jamais cela pouvait être réparé.

Chapitre III

LE LENDEMAIN MATIN, on vint me chercher pour une séance de physiothérapie. On avait enlevé le plâtre de mon bras gauche plusieurs jours auparavant, mais je n'avais pas encore retrouvé toute ma mobilité. On m'aidait donc à me refaire un peu de muscle à l'aide de massages et de mouvements. Quand le plâtre de ma jambe aurait disparu, je pourrais aussi faire des exercices dans la piscine qui se trouvait dans la salle de physio.

J'aimais bien me rendre à ces rendez-vous, d'abord parce qu'ils me faisaient sortir de ma chambre et rencontrer des gens et parce qu'ils me faisaient vraiment beaucoup de bien. Mon bras était encore douloureux parfois et engourdi à force d'immobilité pendant si longtemps, mais quand je sortais de là, je le sentais plus léger.

À mon arrivée dans l'immense salle, je repérai tout de suite Daphné, assise sur un banc d'exercices près de la piscine, l'air sombre. Elle était habillée comme la veille et je me demandai un instant où elle avait passé la nuit. Je fis rouler mon fauteuil jusqu'à elle en m'interrogeant sur ce qui pouvait bien l'amener à l'hôpital. Je ne savais toujours pas ce qu'elle avait. La veille, Marthe Gignac était réapparue dans la chambre au moment précis où j'avais senti qu'un mince lien s'était peut-être fait entre Daphné et moi. Nous avions discuté quelques minutes de mon état, de ce qui m'était arrivé, mais je ne savais toujours rien sur elle.

– Salut ! lançai-je.

Elle leva les yeux et l'espace d'un court instant je crus y lire une minuscule étincelle de joie, mais tout de suite elle disparut et je me demandai ensuite si je n'avais pas rêvé.

– Salut, dit-elle froidement.

– Je peux m'installer ici ?

Elle haussa les épaules sans rien ajouter. Loin de me laisser décourager par son manque d'enthousiasme, je stationnai mon fauteuil en le reculant, près de son banc. Sur le ton de la conversation, je lui demandai ce qui l'amenait ici.

– J'ai pas envie de parler, fit-elle en regardant droit devant elle.

Le contraire m'aurait surpris, pensai-je.

– Hé Alex ! Comment ça va *skater boy* ?

C'était Bruno, le physiothérapeute qui venait d'apparaître. J'avais lié une amitié sincère avec lui au cours des séances de torture qu'il m'imposait. C'était un géant aux cheveux roux, fort sympathique, qui ressemblait davantage à un joueur de football qu'à un physiothérapeute. La première fois que je l'avais rencontré, je m'étais demandé comment un homme aussi imposant pourrait me manipuler les membres sans les casser à nouveau.

Il regarda Daphné.

– Je vois que tu as fait connaissance avec ma nouvelle protégée !

– Oui, dis-je en me tournant vers elle. Nous étions en grande conversation.

Je vis flotter sur les lèvres de Daphné un léger sourire qui disparut rapidement lui aussi, mais cette fois j'étais certain de ne pas avoir rêvé.

– Tant mieux... tant mieux... approuva Bruno. Et par qui on commence aujourd'hui ?

– Lui ! s'écria Daphné en me pointant du doigt.

– Elle ! dis-je, un quart de seconde trop tard.

– Bien, alors je vais devoir trancher, déclara le physiothérapeute.

Il se tourna vers moi

– Alex, je croyais que mes traitements te faisaient du bien ?

– Oui, bien sûr... mais je...

En vérité, j'aurais voulu qu'il commence par Daphné pour satisfaire ma curiosité et connaître enfin la raison de sa présence à l'hôpital.

– Je voulais simplement être poli, mentis-je.

– D'accord, va pour la petite dame !

– Non !

Daphné s'était levée d'un bond, l'air catastrophé, et je remarquai pour la première fois que son bras gauche semblait anormalement inanimé, comme si ses muscles refusaient de faire leur travail.

– Pas question que tu me regardes comme un animal de cirque, siffla-t-elle entre ses dents. Si tu restes là, c'est moi qui pars.

Je sentis qu'elle était sérieuse. Je m'en voulus un peu d'avoir espéré jouer les voyeurs. Je m'éloignai sans dire un mot pour aller au bord de la piscine, où une autre physiothérapeute aidait un petit garçon à faire des étirements.

J'avais apporté mon lecteur MP3 et je le programmai sur l'album *Rattle and Hum* du groupe U2. J'étais probablement le seul de mon âge à écouter cette musique, mais je n'arrivais pas à en décrocher. J'aimais la guitare de The Edge et la voix de Bono. Mes parents avaient tous leurs albums et ce sont eux qui me les avaient fait connaître. Ils m'avaient aidé à traduire les paroles de *Sunday Bloody Sunday*, qui traitait de la guerre, mais qui se référait à un incident sanglant (le Bloody Sunday) survenu en Irlande, le pays d'origine des membres du groupe. C'était complètement à l'opposé des chansons insipides qu'on entendait à la radio. Mes amis planchistes n'écoutaient pas U2 et se moquaient de moi, préférant des groupes populaires qui n'avaient rien d'intéressant à dire, mais qui tentaient de paraître à la mode en gueulant contre l'autorité. C'était plutôt facile et ça ne m'intéressait pas.

Je passai un long moment au bord de la piscine à pianoter sur l'appui-bras de mon fauteuil roulant et quand ce fut à mon tour d'affronter Bruno, Daphné était déjà partie.

Ce soir-là, je reçus la visite de mon ami Butch. Je ne me souviens plus d'où lui vient ce surnom. Il me semble que nous l'avons toujours appelé ainsi. Très grand (un mètre quatre-vingt-dix), très maigre, très blond et très pâle, il a une tête à surnoms. Ç'aurait pu être Terminator ou La Grande Gueule, parce qu'il ne fait vraiment pas dans la dentelle. Butch adore provoquer et ne se gêne pas pour utiliser joyeusement une variété incroyable de gros mots qu'il affectionne particulièrement. À l'école, il était le champion toutes catégories des retenues après les cours : il ne se passait pas une semaine sans qu'un enseignant ou un surveillant ne lui en colle une. La liste très longue de ses manquements aux règlements de l'école allait du manque de respect envers ses pairs, au refus catégorique d'obéir à l'autorité, en passant par le déclenchement d'un fou rire général pendant un cours d'éthique et de culture religieuse.

Malgré tout, aucun prof n'arrivait à le haïr parce qu'il faisait tout avec bonne humeur. C'est qu'en le côtoyant un peu, on s'apercevait vite qu'il n'était pas capable d'aucune méchanceté.

Butch entra sans cogner dans la chambre, arborant une tignasse hirsute et un sourire espiègle au coin des lèvres. Dès que la porte fut refermée, il s'approcha du lit, en deux enjambées.

– Taboire ! Mon gars, tu m'avais pas dit que les infirmières étaient aussi…

Il plaça ses mains en coupe sur sa poitrine.

– J'viens d'en voir une… wow !

Je me mis à rire.

– Salut Butch, ça va ?

– Ouais… ouais… fit-il en me poussant sans ménagement pour pouvoir s'asseoir sur le matelas. Non mais sérieux, comment tu fais quand elles viennent changer tes pansements? Ça t'perturbe pas, leurs...

– Non, pas vraiment.

– T'es chanceux, t'sais. C'est le rêve de tous les gars d'avoir plein d'infirmières sexy à leur service.

Je soulevai un bras, enroulé dans un bandage.

– Oui, je suis très chanceux, effectivement.

– Pffffffff! Tu peux quand même regarder!

Je poussai un soupir.

– Bon, t'es pas venu uniquement pour me parler des infirmières, j'espère?

Son regard s'éclaira et il pêcha de son sac à dos un disque dans son boîtier.

– On a fait une vidéo pour toi hier!

– Cool!

Il avait aussi un lecteur portatif dans lequel il inséra le disque et le mit en marche. La première séquence me révéla que les gars s'étaient filmés au parc en train de faire leurs figures. Butch avait fait un montage avec comme musique de fond *Thunderstruck* du groupe AC/DC. Je regardai la vidéo avec un sourire idiot plaqué sur la figure du début à la fin. On y voyait Vallières avec sa tuque vissée sur la tête, réussissant enfin son *ollie impossible,* Butch et Fanny qui s'embrassaient, filmés par Babe qui, évidemment, n'était sur aucune des séquences. Finalement, il y avait Pat, cet autre planchiste, que je connaissais un peu et qui ne faisait pas vraiment partie de la bande. On le voyait sur presque toutes les séquences, faisant généreusement étalage de son talent et je crus comprendre qu'il avait, en quelque sorte, pris ma place.

– Y'est pas aussi bon qu'toi, vraiment... me dit Butch.

– Ouais, ben lui au moins il est pas cassé en mille morceaux.

Je ressentais un mélange d'envie et d'animosité envers ce Pat, qui s'était si rapidement glissé dans notre petit groupe. Ça ne changeait rien à mon amitié avec les autres gars, mais je ne pouvais m'empêcher de me sentir touché dans mon orgueil. Évidemment, je ne laissai rien paraître.

La porte s'ouvrit et Daphné se glissa à l'intérieur, sans dire un mot. Butch la regarda, surpris, puis se tourna vers moi, avec un point d'interrogation au milieu du front.

– Butch, je te présente Daphné. Daphné, c'est Butch.

Elle resta près de la porte, l'air de se demander si elle devait partir ou rester. Ses cheveux lui cachaient encore une fois la moitié du visage, mais on pouvait facilement deviner que la couleur sombre autour de ses yeux n'était pas seulement due au manque d'éclairage de la chambre.

– Tu veux venir voir? lui demandai-je en montrant du doigt le lecteur de disques. C'est mes amis, ils se sont filmés.

Elle s'approcha en regardant par terre, le bras pendant, toujours sans vie et vint se placer debout à ma gauche. Pendant les quinze minutes que dura le film, Butch l'observa en coin, comme s'il s'attendait à ce qu'elle se mette à agir bizarrement. J'avais envie de rire. Daphné semblait fascinée par ce qu'elle voyait et ne se rendit compte de rien, ou fit semblant de ne rien voir. Quand ce fut terminé, elle se tourna vers moi :

– Tu peux faire ça, toi aussi ?

– Euh… pas présentement, mais d'habitude, oui.

– Si tu l'voyais, mon gars ! s'enflamma Butch en oubliant qu'il s'adressait à une fille. Y'est mauditement bon ! Y peut faire à peu près n'importe quoi avec sa planche ! Son *boneless* est écœurant, et son *ollie finger flip* encore plus !

Elle le regarda fixement d'un regard vide pendant un long moment, l'air de se demander de quoi il pouvait bien parler.

Je grognai un peu.

– Attends quand tu vas être guéri, reprit mon ami. Tu vas voir, tes figures vont être encore meilleures !

Je n'osais pas lui avouer que j'avais justement peur de ne plus être capable de remonter sur ma planche, une fois guéri. Le médecin m'avait laissé entendre que je ne retrouverais peut-être pas toute mon agilité, qu'il fallait m'attendre à des séquelles.

– On a hâte que tu r'viennes, me dit Butch. C'tait beaucoup mieux quand t'étais là. Puis j'ai besoin qu'tu m'conseilles, j'en ai perdu un peu.

– C'est certain que si tu passes ton temps à lécher Fanny…

Daphné eut un petit rire étouffé. Les joues et les oreilles de Butch devinrent tout à coup d'un rouge soutenu.

Il se mit à bafouiller.

– Euh… non c'est pas ça… J'suis pas toujours avec elle ! Mais tsé… Pat c'pas pareil, il est moins… plus… Il m'aide pas, tsé… Tout ce qu'il cherche, c'est à se donner en spectacle pour ceux qui viennent nous voir.

J'imaginais le tableau. C'était exactement ce que je connaissais de Pat.

– Bon, ben j'vais y aller, lança subitement Butch. J'voulais juste t'montrer ça.

Il rangea ses affaires dans son sac à dos qu'il balança sur son épaule.

– Pourquoi les autres sont pas venus ? demandai-je au moment où il allait sortir.

Il sembla hésiter un instant.

– Ben… Vallières a un test de maths demain et Babe, ben… j'sais pas, mais il pouvait pas.

– En tout cas, merci d'être venu. Reviens quand tu veux, je devrais être là.

Il m'envoya la main et sortit rapidement de la chambre. Je gardai le silence quelques instants, histoire de digérer tout ça. Vallières et Babe étaient mal à l'aise de venir me voir, c'était assez évident. En plus, ce Pat avait pris ma place et je ne savais même pas si j'allais pouvoir la récupérer un jour.

– Tu crois à ça toi, un examen de maths demain ? demanda Daphné tout à coup.

Je ne tenais pas absolument à perdre la face. Alors, je lui répondis, mal assuré :

– Peut-être…

Elle se tourna vers moi et me jeta un regard acéré.

– Demain, c'est samedi.

Prenant conscience de l'énorme mensonge que Butch venait de me servir, je sentis la colère monter en moi. Une colère diffuse qui partait dans toutes les directions. Contre Butch et les gars pour leurs mensonges maladroits, contre mon corps brisé qui m'empêchait de retrouver enfin ma vie d'avant et contre Daphné pour son intrusion un peu trop lucide dans mes affaires.

Mais une chose était sûre, je n'avais plus envie qu'elle soit là, je voulais que cette fille s'en aille au plus vite.

– J'aimerais être seul, grognai-je.

– Vos désirs sont des ordres, dit-elle sèchement en se dirigeant vers la porte.

Elle l'ouvrit d'un geste rapide et sortit sans un mot de plus. Je fixai la porte pendant un moment en me maudissant intérieurement. Et voilà, j'avais une autre raison d'être en colère mais cette fois, c'était contre moi-même.

Chapitre IV

À L'HÔPITAL, le samedi est la journée des visites prolongées. Mes parents étaient accompagnés de Flavie et de Charlie qui me couvrirent de dessins et de bricolages confectionnés à mon intention au cours de la semaine. D'habitude, j'attendais cette journée avec impatience, me mourant d'ennui pendant les six autres jours, mais cette fois, j'avais autre chose à l'esprit.

– Nous avons parlé au docteur Bélanger, me dit ma mère. Ton dernier scanner montre que ta fracture du crâne est guérie. Samedi prochain, tu pourras revenir à la maison.

– S'il est guéri, pourquoi il peut pas rentrer aujourd'hui ? demanda Charlie.

– Les médecins veulent s'assurer qu'Alex ne va pas encore tomber dans les pommes, rigola mon père.

– Ils vont te faire marcher avec des béquilles, pour voir si une fois debout tu as des étourdissements, continua ma mère.

Comme je réagissais très peu, elle me demanda ce qui n'allait pas.

– Tout va bien, dis-je. Je suis juste un peu fatigué.

Ce qui en partie était vrai. J'avais eu de la difficulté à m'endormir la veille, quand Daphné avait quitté la chambre précipitamment. Je m'en voulais toujours d'avoir été brusque avec elle, mais je ne savais pas comment la joindre pour m'excuser. Était-elle à l'hôpital ? Je me rendais compte que je ne savais absolument rien d'elle et c'est ce qui me trottait dans la tête, alors que j'aurais dû profiter pleinement de la visite de ma famille.

Les jumelles avaient apporté des jeux de société et l'après-midi passa lentement, à grignoter des chips et à jouer au Monopoly. Vers dix-sept heures, ma famille se prépara à partir et comme chaque fois, mes sœurs me sautèrent dessus pour m'étouffer sous leurs baisers.

– Doucement ! protestai-je. Vous allez me casser le cou !

– Oh non ! Pas ça en plus ! s'écria mon père en se saisissant des deux pestes qui s'accrochaient à moi.

Ils me souhaitèrent bonne nuit et quittèrent la chambre quelques instants plus tard. Une fois seul, je réussis à m'extirper de mon lit et à m'installer dans mon fauteuil roulant. Ce n'était pas facile, avec une jambe complètement immobilisée dans un plâtre qui montait jusqu'à l'aine et un bras qui avait perdu cinquante pour cent de sa force, mais j'y arrivai. Je sortis de la chambre et roulai jusqu'à la salle commune, espérant y trouver Daphné.

Elle y était effectivement, à une table près de la fenêtre et Marthe Gignac était avec elle. Je ne pus m'empêcher d'être impressionné par l'allure originale de la travailleuse sociale. Elle mettait, semblait-il, un point d'honneur à laisser une trace indélébile sur la rétine des gens qu'elle croisait. Ce jour-là, elle avait choisi un jaune éclatant comme couleur de base pour ses vêtements et Daphné paraissait bien terne à côté d'elle. Je restai en retrait pour les observer un moment et sans le vouloir, j'interceptai la fin de leur conversation.

– T'inquiète pas, disait Marthe. Je continue à chercher. D'ici quelques jours, tu pourras aller t'installer.

Elle tenta de prendre la main de Daphné, mais celle-ci la retira pour la glisser sous sa cuisse en détournant le regard.

– J'espère que ce sera mieux cette fois-là, grogna-t-elle, la mine sombre.

– Oh… tu m'en veux, n'est-ce pas ? Tu as bien raison, j'aurais dû faire une deuxième vérification.

Elle me vit.

– Tiens ! Regarde qui est là !

Daphné jeta un coup d'œil dans ma direction.

– Encore lui…, fit-elle, grincheuse.

– Bon, je vous laisse ! s'écria Marthe, trop heureuse de pouvoir s'éclipser. J'ai une tonne de choses à faire !

– Ouais, c'est ça…

Marthe, passant près de moi, me fit un clin d'œil complice. Je ne réussis pas à lui rendre son sourire. Je roulai jusqu'à la table où Daphné, qui venait d'ouvrir une revue, était soudain devenue passionnée par des vieux potins d'Hollywood.

– Salut.

Pas de réponse.

– Écoute, je…

– C'est pas la peine, gronda-t-elle. Gaspille pas ta salive.

– Je voulais simplement m'excuser pour hier, dis-je rapidement en espérant qu'elle ne se fâche pas devant mon insistance. J'étais déçu par mes amis, j'avais besoin d'être seul.

Je me tus un moment, ne sachant plus quoi ajouter. Elle ne répondit pas et ne me donna aucun signe indiquant que ce que je venais de dire avait la moindre importance pour elle. Le silence s'installa entre nous et je me demandai pendant un moment si le fait de retourner dans ma chambre ne serait pas une meilleure option. Est-ce que j'avais envie de me lier d'amitié avec elle ? Elle semblait tellement compliquée !

Je vis Daphné porter la main à son visage. Deux petits cercles humides sur la revue m'indiquèrent à ce moment que cet air de dure qu'elle se donnait n'était en fait qu'une façade et que mes gémissements concernant mes amis étaient probablement le cadet de ses soucis.

– Hé ! murmurai-je en approchant spontanément ma main de la sienne qui reposait sur la table. Qu'est-ce qui se passe ?

Elle enleva sa main.

– Je peux t'aider ? demandais-je. Dis-moi ce qui va pas.

– Même si tu savais…

Elle jouait nerveusement avec le coin d'une page de la revue, le pliant, le dépliant et le lissant du bout des doigts pour le remettre en place. Je la sentais réfléchir intensément. Elle semblait se demander si elle devait me faire confiance ou non. Après quelques instants, elle se lança.

– Écoute, commença-t-elle d'une voix tremblante, j'ai une vie assez compliquée. Je me promène sans arrêt d'une famille d'accueil à une autre.

Je l'observais sans rien dire. J'avais un peu deviné cette partie-là.

– Il se trouve que je suis pas particulièrement chanceuse depuis quelque temps. J'ai habité dans trois familles différentes cette année et encore une fois, je me retrouve seule.

– Pourquoi ? Qu'est-ce qui s'est passé ?

Elle eut un sourire amer et haussa les épaules.

– T'as pas vraiment envie d'entendre ça.

– Tu veux dire que *tu* n'as pas vraiment envie de me raconter ça. Mais ça va, je comprends.

Elle fixait toujours la revue, ses lèvres serrées l'une contre l'autre et ses sourcils tellement froncés qu'une ride profonde se creusait sur son front.

– Je peux quand même savoir une chose ? demandai-je après un instant.

Elle jeta un coup d'œil rapide vers moi.

– Ouais.

– Qu'est-ce qui… qu'est-ce qui est arrivé à ton bras ?

Daphné eut un autre moment d'hésitation. La veille, quand j'avais voulu en savoir plus sur la raison de son hospitalisation, elle avait refusé farouchement de me dire quoi que ce soit. Est-ce que je l'avais mise suffisamment en confiance pour qu'elle s'ouvre à moi, cette fois ?

Sans rien dire, elle se mit à rouler la manche gauche de son chandail. Celle qui recouvrait son bras mal en point. Ce que je vis me donna par la suite des cauchemars. De la main jusqu'au coude, on ne voyait qu'une immense plaie en train de guérir. C'était comme des trous, des petits cratères, remplis d'un liquide jaunâtre. Il n'y avait pas un seul centimètre de sa peau qui ne soit recouvert d'une croûte de sang séché. Et très haut, presque à l'épaule, une longue coupure, très nette était en train de guérir. Mais qu'est-ce que...

– Quelqu'un a cru que mon bras lui ferait un excellent cendrier. Comme il en avait assez de m'entendre hurler, il a pensé que ce serait une bonne idée de le couper.

J'eus un mouvement de recul. J'avais la bouche sèche et mes membres tremblaient sans que je puisse les en empêcher. Comment quelqu'un pouvait-il être dément au point de mutiler une autre personne de cette façon ? Comment la méchanceté pouvait-elle en arriver à cette extrémité ?

Daphné me fixait durement. Elle semblait dire : « Tu voulais savoir ? Ben voilà. » Je cherchai une phrase qui pourrait exprimer toute la colère et le désarroi que je ressentais. Mais il n'y avait rien à dire. Vraiment rien à dire.

Elle déroula tranquillement la manche de son chandail, puis reporta son attention sur la revue. Je pris quelques minutes pour reprendre contenance et remettre mes idées en place. Finalement, je pris une longue inspiration.

– Écoute, je peux peut-être t'aider, commençai-je.

Elle me regarda, soupçonneuse.

– À moins que tu connaisses une famille d'accueil qui accepterait de me prendre, tu peux pas faire grand-chose.

– Justement…

– Justement quoi ? s'impatienta-t-elle.

– Je connais des gens qui accepteraient probablement de te prendre.

Je la vis hésiter un moment en se mordant la lèvre inférieure.

– Qui ? demanda-t-elle.

– Mes parents.

De stupeur, elle se laissa retomber contre le dossier de sa chaise.

– Tu veux dire que vous êtes une famille d'accueil ?

– En fait, mes parents ont accueilli des jeunes pendant plusieurs années, mais quand ma mère est devenue enceinte de mes sœurs il y a sept ans, ils ont préféré arrêter. Disons que les jumelles n'étaient pas prévues.

Pas tout à fait remise de sa surprise, Daphné assimilait lentement l'information.

– Tu… tu voudrais leur parler ? demanda-t-elle, hésitante.

– Bien sûr.

– Tu crois qu'il y a une chance qu'ils acceptent ?

J'ouvris les mains, paumes vers le haut.

– Je pense que s'ils connaissent ta situation et s'ils te rencontrent avant, ils pourront pas refuser. Je les connais.

Elle expira lentement en me fixant.

– Bon, je sais pas pourquoi tu fais ça, mais je veux juste te dire que je suis un paquet de problèmes... j'attire le malheur. C'est peut-être pas une bonne idée.

Je réfléchis un instant.

– T'as besoin d'aide et ma famille peut t'aider, voilà tout. Je peux pas rester là à rien faire.

– J'ai peur que ça fonctionne pas.

– Écoute, je les appelle demain, je leur explique la situation et on verra. Ils vont certainement vouloir rencontrer Marthe et ça devrait les convaincre ! Ils vont se dire que tu peux pas rester une journée de plus avec un phénomène pareil !

Elle eut un rire silencieux, mais son regard était profondément triste.

– Tu sais, c'est quand même elle qui s'est le mieux occupée de moi. Elle est envahissante, mais au moins, elle est là. J'ai connu d'autres travailleurs sociaux qui ne se rappelaient même pas de mon prénom.

Sa vie n'avait pas été une partie de plaisir, c'était évident. Moi, j'avais beaucoup de chance. Mes parents m'avaient appris à être à l'écoute des autres, de voir au-delà des apparences. Ils me répétaient constamment que j'étais choyé et que mon devoir était de partager, quand je le pouvais. J'avais donc une belle occasion de mettre en pratique ce qu'ils m'enseignaient depuis si longtemps.

Daphné me posa beaucoup de questions sur notre famille, la maison et l'école. Elle semblait fébrile mais en même temps un peu réticente. Elle ne voulait sans doute pas se créer de faux espoirs.

Nous passâmes le reste de la soirée à écouter la télé dans la salle commune. Je sentais Daphné préoccupée. J'aurais pu éteindre l'appareil qu'elle ne l'aurait certainement pas remarqué. Vers vingt et une heures, l'infirmière de garde vint nous demander de réintégrer nos chambres. Je souhaitai bonne nuit à Daphné qui tourna les talons sans rien dire.

– Alex, c'est pas possible.

– Donne-moi une bonne raison, maman !

– Ton père et moi avions convenu de ne plus prendre de jeune en charge. C'est beaucoup de responsabilités, ça demande énormément de temps, on s'inquiète beaucoup, tout le temps. Nous avons déjà assez de vous trois !

– Ben voyons, c'est quand la dernière fois que tu t'es inquiétée pour moi ?

– Je te rappelle que tu es à l'hôpital parce que tu as failli mourir.

– J'ai eu un petit accident, maman et puis après ?

– Tu nous as fait vraiment peur.

– Bon mais c'est fini maintenant, je vais bien ! Daphné a besoin qu'on l'aide et vous me dites toujours…

– Non, pas cette fois.

– Venez la rencontrer, tentai-je d'une voix suppliante. Juste une fois… parlez avec elle.

Ma mère soupira au bout du fil. Je l'imaginais, secouant doucement la tête, l'air de dire : « Mais qu'est-ce que je m'apprête à faire… »

– Je vais en parler à ton père.

Je réprimai une envie de crier victoire. Si ma mère disait qu'elle allait en parler à mon père, c'est que c'était en partie gagné. Elle savait très bien que papa serait emballé par ma proposition et que ce n'est pas lui qui tenterait de me dissuader. Je lui donnai les coordonnées de Marthe Gignac.

– Juste au cas, glissai-je.

Après avoir raccroché, je me dépêchai, aussi vite que mon fauteuil me le permettait, de rejoindre Daphné au local de physiothérapie. Là-bas, je repérai tout de suite Bruno, dont les cheveux flamboyants ne pouvaient passer inaperçus.

– Salut *skater boy !* s'écria-t-il en me voyant.

Il me donna une poignée de main qui me secoua le corps tout entier.

– Salut Bruno ! À quelle heure Daphné vient te voir aujourd'hui ?

– Oh ! Tu ne sais pas ? Elle est partie hier soir.

La surprise me fit bafouiller.

– Qu… quoi !

– Oui, tu sais sa travailleuse sociale, celle qui est un peu…

Il agita ses mains autour de sa tête.

– Oui, je sais, un peu…

– C'est ça. Elle est venue la chercher vers vingt et une heures trente à ce qu'on m'a dit. Ils lui ont trouvé une famille d'accueil.

Je mis un certain temps à digérer l'information. Bruno m'observait.

– Ça va ? demanda-t-il.

– Oui, c'est juste que… je suis un peu surpris.

– Je suis désolé.

Je passai toute la séance de physio sans dire un seul mot et plus tard, je retournai à ma chambre, songeur. J'étais déçu. J'aurais voulu l'aider. Vraiment.

Le reste de la semaine se déroula lentement. On échangea mon fauteuil roulant contre des béquilles. Je passai le test sans étourdissements et le jeudi, on m'annonça que je pourrais retourner à la maison le lendemain.

– Tout semble normal, me dit le docteur Bélanger. Tes réflexes sont bons, ton bras gauche a repris un peu de tonus, tu devrais passer à travers !

Il me fit un clin d'œil.

– Dans un mois, tu vas pouvoir recommencer à courir les filles !

Je ne savais pas trop quoi répondre.

– Merci, dis-je bêtement.

– Elles sont folles des sportifs qui se blessent et qui reviennent comme des miraculés !

– Sans doute…

– Tu m'en donneras des nouvelles !

Lorsqu'il fut enfin sorti, je commençai à rassembler mes affaires. C'était un peu tôt, mais j'avais vraiment hâte de quitter l'hôpital et de me retrouver enfin chez moi. Ça faisait maintenant plus de six semaines que j'étais ici !

La porte s'ouvrit de nouveau. Une infirmière que je n'avais pas encore rencontrée entra. Elle avait un bout de papier à la main.

– Tu as reçu un appel pendant ta séance de physio. Voilà, j'ai pris le message.

Elle me tendit le bout de papier et sortit. Je lus. « Daphné 418-756-4434. » Je sentis qu'un sourire étirait mes lèvres. J'étais content. Son départ m'avait un peu pris par surprise, mais j'allais au moins pouvoir lui dire au revoir et lui souhaiter bonne chance.

Chapitre V

J'ÉTAIS ENFIN de retour chez moi. On avait aménagé une chambre dans le bureau du rez-de-chaussée pour m'éviter de descendre l'escalier du sous-sol, là où se trouvait ma vraie chambre. Mes parents étaient aux petits soins avec moi et les jumelles ne me lâchaient pas d'une semelle dès qu'elles revenaient de l'école. Ma mère avait déplacé son ordinateur dans le salon pour pouvoir continuer à travailler à la maison. Elle était pigiste pour le journal local et pouvait se permettre de rester pour garder un œil sur moi.

– Alex, viens jouer avec nous !

C'était Charlie qui, installée à la table de la cuisine, pétrissait de la pâte à modeler avec entrain.

– Qu'est-ce que vous faites ?

– Des hot dogs, annonça-t-elle, le plus sérieusement du monde.

Je m'installai tant bien que mal avec elles et me mis à mon tour à tripoter la pâte, mais sans grand intérêt. Ça collait aux doigts, ça sentait mauvais.

– Regarde Alex ! s'écria Flavie, brandissant plusieurs bâtonnets de pâte verte.

– Qu'est-ce que c'est supposé être ?

– Ben voyons, des frites !

Je n'avais vraiment aucune imagination.

– Désolé les filles, mais finalement j'ai pas vraiment envie de jouer.

Je me levai en m'appuyant sur le dossier de la chaise et me rendis jusqu'au bureau qui me servait de chambre, où je m'installai pour lire une revue. Ma jambe me faisait mal. J'essayais de ne pas y prêter attention, mais ça me dérangeait beaucoup. Depuis quelques jours, ça revenait périodiquement. C'était comme si une aiguille me transperçait l'os. Aucune position n'était satisfaisante, je n'arrivais pas à oublier la douleur.

N'y tenant plus, je me levai à nouveau et me rendis dans le salon où ma mère travaillait. Je m'installai sur le divan avec une grimace et allumai la télévision.

– Pourquoi tu ne l'appelles pas ?

Ma mère me regardait au-dessus de l'écran de l'ordinateur.

– Quoi ?

– Daphné. Pourquoi tu ne lui téléphones pas ?

Les mères ont le don de deviner… non, de ressentir ce que leur enfant pense. J'avais caché à mes parents ma déception à la suite du départ de Daphné, leur disant simplement que les démarches n'étaient plus nécessaires puisqu'une famille avait accepté de la prendre. Mais ma mère avait probablement senti dans ma voix que mon enthousiasme était feint.

– Elle serait sûrement contente de te parler.

– Pourquoi ? Je la connais à peine.

– Le fait qu'elle se soit ouverte à toi montre qu'elle te fait confiance. Tu sais, elle doit se sentir bien seule.

– Tu penses ?

Je réfléchis un moment, puis je me levai une nouvelle fois, empoignai mes béquilles et marchai lentement jusqu'à ma chambre. Là, je fouillai dans mon sac à dos pour y trouver le bout de papier que l'infirmière m'avait donné. Je fermai la porte du bureau et composai le numéro. Mon cœur battait un peu trop vite à mon goût et mes mains étaient moites. Mais qu'est-ce que j'avais ?

– Allô ? fit une voix bourrue au bout du fil.

– Bonjour, j'aimerais parler à Daphné.

– Qui ?

– Daphné...

Je me rendis compte à ce moment que je ne connaissais pas son nom de famille.

– Euh... c'est le numéro qu'on m'a donné... peut-être qu'il est pas bon, hésitai-je.

– Attends.

L'homme s'éloigna du téléphone et je l'entendis crier.

– Chantal ! Quelqu'un veut parler à une Daphné ! Est-ce qu'on a ça ici ?

Ça !

J'attendis quelques secondes, les joues rouges d'indignation. J'étais dans une telle fureur que lorsque Daphné prit le combiné, je ne reconnus pas sa voix tout de suite.

– Allô ?

– C'est toi, Daphné ?

– Alex !

J'étais soulagé de l'entendre. J'avais cru un instant que je ne pourrais pas lui parler.

– Ça va ? lui demandai-je. Tu es bien là-bas ?

– Oui, oui ! Bien sûr !

Elle me raconta qu'elle était à Lévis, en face de Québec, qu'elle habitait une grande maison, qu'il y avait deux autres filles avec elle et que l'école était tout près.

– Je vais pouvoir finir l'année scolaire ici. Si tout va bien, j'aurai pas besoin de recommencer mon secondaire 4.

Je sentais dans sa voix qu'elle était contente de me parler. Mais il y avait autre chose, comme une fausse note, qui accrochait mon oreille. La Daphné que j'avais connue au cours des derniers jours n'était pas du genre à s'enthousiasmer pour si peu. Il y avait quelque chose de forcé dans son discours.

Je voulus en avoir le cœur net.

– J'ai l'impression que tu ne dis pas tout.

Un peu surprise, elle garda le silence pendant quelques instants.

– C'est vrai, t'as raison.

– Qu'est-ce qui se passe ?

– …

– Daphné, qu'est-ce qui se passe ?

Comme elle ne répondait toujours pas, j'eus un doute et je lui demandai :

– Est-ce que quelqu'un écoute ce que tu dis ?

– Oui.

– Tu ne peux pas parler ?

– C'est ça.

Je réfléchissais à toute vitesse.

– Écoute-moi bien. Je vais te dire mon numéro de téléphone, tu vas l'apprendre par cœur et dès que tu seras seule, téléphone-moi.

– D'accord.

– Fais vite. Tu m'inquiètes.

Lorsque j'eus répété mon numéro trois fois lentement, elle raccrocha en me disant au revoir d'un air faussement joyeux.

J'allai voir ma mère et lui racontai notre conversation. Immédiatement, elle entra en mode urgence.

– Je téléphone à sa travailleuse sociale, annonça-t-elle.

Elle se dirigea vers l'appareil situé dans la cuisine, mais changea de direction lorsqu'elle prit conscience qu'il fallait éviter d'occuper la ligne, au cas où Daphné tenterait de nous contacter.

– Je vais prendre le cellulaire.

Tout se passa très vite. Pendant qu'elle tentait de rejoindre Marthe Gignac (ce qui fut difficile parce qu'il était dix-sept heures trente et que nous étions vendredi), le téléphone sonna et mon père entra dans la maison.

– Bonsoir ! s'écria-t-il alors que je me précipitais dans le bureau.

Ma mère lui fit de grands signes de la main, pour lui dire d'approcher, tout en continuant à parler à la réceptionniste du CLSC.

– Oui, c'est urgent ! Je dois absolument lui parler !

J'arrivai au téléphone à la cinquième sonnerie. C'était Daphné.

– Alex, j'ai pas beaucoup de temps !

Sa voix était pressante, j'y percevais quelque chose qui ressemblait un peu à de la peur.

– Il faut que tu m'aides, ils m'empêchent de parler à Marthe.

– Quoi, qu'est-ce qu'il y a ? Qu'est-ce qui se passe ?

– Je sais pas trop… ils sont bizarres. Il y a toujours plein de monde dans la maison. Ils nous parlent pas, comme si on n'était pas là. J'aime pas ça, j'ai l'impression que…

– Quoi ?

– J'ai l'impression qu'il y a quelque chose de louche. Ils travaillent pas, ils surveillent tout ce qu'on fait. Il y a aussi les bébés qui m'inquiètent.

– Les bébés ?

– Ils gardent aussi deux bébés d'environ un an. Ils les laissent dans un parc toute la journée, avec la télévision allumée.

– Est-ce qu'ils… Est-ce qu'ils leur font du mal ?

– Je sais pas, mais les petits pleurent beaucoup. Ils sont pas bien, ça, c'est certain.

Mon père apparut dans l'encadrement de la porte et je compris par ses signes, qu'ils avaient rejoint Marthe Gignac.

– Alex, je dois raccrocher ! J'ai pris le cellulaire de Béatrice. C'est une fille qui vit ici avec moi. Je suis dans la salle de bain, pour pas qu'ils m'entendent.

Malgré ma propre inquiétude, je tentai de la rassurer et d'avoir l'air sûr de moi.

– Ça va aller, mes parents ont parlé à Marthe. T'inquiète pas, on s'occupe de toi.

– D'accord… merci, Alex.

Je raccrochai au moment où ma mère arrivait dans le bureau. Elle me tendait le cellulaire.

– Parle à Mme Gignac.

Je racontai à la travailleuse sociale ce que Daphné venait de me dire. Elle m'écouta avec attention, puis elle demanda :

– Tu crois qu'elle est en danger ?

– Je sais pas. C'est difficile à dire, on n'a pas pu parler longtemps. Elle semblait très inquiète.

– Tu crois que ça peut attendre à lundi ?

Je suis généralement plutôt calme. J'ai l'habitude de prendre mon temps et de réfléchir avant de parler, pour éviter de dire n'importe quoi. Mes amis trouvent même que je pense trop, que je ne suis pas assez spontané. Mais à cet instant, cette phrase de Marthe Gignac provoqua en moi une telle fureur que je ne pris même pas un quart de seconde pour répondre :

– Je crois pas, non ! Je pense pas qu'on doive attendre que quelque chose arrive avant d'agir !

Il y eut un silence au bout de la ligne, pendant lequel mes parents me regardèrent avec des yeux ronds.

– Bon, reprit-elle lentement (ce qui était assez inhabituel de sa part). Je rassemble une équipe et nous allons leur rendre visite. Restez disponibles, il se peut qu'on ait besoin de vous ce soir.

Elle raccrocha.

Il était plus de vingt heures lorsque le téléphone sonna de nouveau. J'avais aidé ma mère à préparer les jumelles pour la nuit pendant que mon père faisait la vaisselle et ensuite j'avais rangé ma chambre-bureau, dans l'espoir qu'en m'agitant, j'arrêterais de penser. Ma jambe me faisait encore mal et j'aurais dû m'asseoir pour la mettre au repos, mais j'en étais incapable. Même si je ne connaissais Daphné que depuis quelques jours, je m'inquiétais pour elle. Elle ne méritait pas ce qui arrivait, d'ailleurs personne ne méritait d'être chambardé de la sorte et d'après ce que j'avais compris de l'histoire de ma nouvelle amie, ce n'était pas la première fois. Je ne pouvais pas rester là, à ne rien faire.

Ma mère répondit et son visage ne laissa paraître aucune émotion pendant les quelques minutes que dura l'appel. Lorsqu'elle raccrocha, elle se tourna lentement vers mon père et moi.

– Ils les ont sortis de là, annonça-t-elle. Mme Gignac semble dire que c'était vraiment nécessaire. La famille avait caché des choses aux services sociaux. On ne leur confiera plus d'enfants et il y aura une enquête.

Elle regarda mon père.

– Elle m'a demandé si nous accepterions de prendre les trois plus vieilles pour ce soir. J'ai dit oui. Elles vont arriver d'ici quelques minutes.

Mon père s'affola.

– Mais où on va les mettre ?

– Une dans la chambre d'Alex au sous-sol, et deux dans la chambre d'amis ici, au rez-de-chaussée.

La perspective de prêter ma chambre à une inconnue ne me plaisait pas vraiment, mais comme ce n'était que pour une nuit, j'acceptai.

Ce fut le branle-bas pendant plusieurs minutes, car il fallait préparer les chambres avant que les filles arrivent. Mon père s'agitait dans tous les sens et tentait de suivre ma mère, qui avait pris la situation en main. Je ne pouvais que les observer, ma jambe m'empêchant de circuler dans les escaliers.

Quand, une heure plus tard, on sonna à la porte, tout était prêt. J'allai ouvrir. Marthe Gignac se tenait sur le seuil avec un homme, que je supposais être un autre travailleur social. Derrière eux, j'aperçus deux filles assez jeunes, qui me regardaient avec appréhension.

– Bonsoir Alex, me dit Marthe.

– Bonsoir. Venez.

Je reculai pour leur faire de la place et jetai un coup d'œil derrière. J'aperçus un peu plus loin dans la pénombre de la cour, une silhouette tournée vers la rue, que je devinai être celle de Daphné. Marthe suivit mon regard.

– Elle ne va pas très bien, me confia-t-elle tout bas. Elle ne voulait pas venir ici.

– Pourquoi ? demandai-je, intrigué.

Au même moment, ma mère apparut et invita tout le monde à venir s'asseoir à la table. Il y avait du café, du lait et des biscuits et on s'installa pour discuter, pendant que Marthe retournait dehors chercher Daphné. Les deux filles s'appelaient Roxane et Béatrice. Elles courbaient l'échine, comme si elles avaient honte d'être là.

Mes parents tentaient de les rassurer et de les faire se sentir les bienvenues chez nous, mais elles gardaient un air renfrogné.

– Nous reviendrons les chercher demain en matinée, dit le travailleur social en montrant les filles du menton. Le temps de leur trouver une autre famille.

Béatrice secouait la tête en regardant de côté, comme s'il venait de dire la chose la plus bête qu'elle ait jamais entendue. Roxane gardait la mâchoire serrée en fixant obstinément son verre, sur la table. Elles étaient toutes les deux vêtues de noir, de pied en cap et leurs oreilles, leurs sourcils et leurs lèvres étaient criblés de petites capsules de métal, ce qui leur donnait un air dur, presque méchant.

– Je pense, suggéra ma mère, que vous pourriez aller vous installer pour la nuit. Venez, je vais vous montrer la chambre.

Elles se levèrent toutes les trois. Maman me regarda et ajouta :

– Toi aussi Alex, va dormir. Ton père va attendre.

J'aurais voulu rester avec lui, mais quelque chose me disait que ma mère avait raison. Il valait mieux que nous ne soyons plus là quand Daphné allait rentrer. Peut-être même était-ce ce qu'elle attendait.

Chapitre VI

LORSQUE Flavie et Charlie vinrent me réveiller au matin, j'eus l'impression de ne pas avoir dormi du tout. J'avais l'esprit lourd et mes membres étaient engourdis.

– Allez, lève-toi ! me crièrent les jumelles en sautant sur mon lit comme s'il s'agissait d'un trampoline.

Avec un grognement, j'attrapai la cheville de Charlie et la fis basculer sur le matelas. Elle se mit à hurler de rire pendant que sa sœur criait :

– Moi aussi ! Moi aussi !

Après plusieurs minutes à se chamailler, les filles m'abandonnèrent et se sauvèrent en courant vers le salon, pour aller regarder leurs dessins animés. J'allais en profiter pour reprendre un peu de sommeil, quand elles débarquèrent de nouveau, toutes excitées.

– Y'a quelqu'un sur le divan, chuchota Flavie.

– C'est une fiiiille et elle a des cheveux mauves ! ajouta Charlie, d'un air catastrophé.

Je souris.

– Ça va, c'est Daphné, mon amie.

Donc, elle avait fini par accepter d'entrer. Je m'habillai rapidement et pris mes béquilles, mais au moment où j'empruntais le corridor pour me rendre au salon, j'entendis la porte de ma chambre se refermer au sous-sol. Manifestement, Daphné ne voulait pas me voir. Je soupirai en me dirigeant vers la cuisine.

Mais qu'est-ce qu'elle avait cette fille ? Hier, elle me demandait de l'aide et aujourd'hui, elle ne voulait pas me parler, ni même me voir !

– On veut des crêpes ! exigèrent les jumelles en bondissant devant moi.

– D'accord, soupirai-je.

Je connaissais mes sœurs et je savais que si je ne m'occupais pas d'elles immédiatement, elles allaient me talonner jusqu'à ce que je consente enfin à le faire. Je me mis donc au travail tout en continuant à réfléchir.

Qu'est-ce qui m'avait pris de demander à mes parents d'héberger Daphné ? C'était décidément beaucoup plus complexe que ce à quoi je m'attendais. Mais à quoi m'attendais-je exactement ?

Mes parents s'étaient levés, suivis de près par Roxane et Béatrice qui s'installèrent à la table de la cuisine. J'ajoutai des œufs et de la farine à mon mélange de manière à en avoir pour tout le monde, mais il devint tout à coup aussi compact que la pâte à modeler des jumelles. Mon père s'amusa à mes dépens un moment en tenant le mélange au-dessus de lui comme une grosse pierre, feignant de vouloir m'assommer. Puis il me congédia.

– Laissez faire l'expert ! s'écria-t-il.

Je battis en retraite vers la table où Flavie avait étalé toute la panoplie vestimentaire de ses poupées.

– Elle est où ton amie Daphné ? me demanda-t-elle, en tentant d'introduire sa *Barbie* préférée dans une robe de dentelle d'un mauve éclatant. Le genre de robe que Marthe Gignac aurait adoré.

Je haussai les épaules.

– J'imagine qu'elle est retournée dormir.

Roxane me jeta un regard par-dessus le litre de lait.

– Elle va pas très bien.

– Oui, j'avais remarqué, ironisai-je.

– Donnez-lui du temps, dit mon père. J'ai discuté un peu avec elle hier soir et j'ai cru comprendre qu'elle a vécu toutes sortes de choses plutôt difficiles. Elle n'a probablement pas le goût d'étaler ça, ce matin.

Roxane nous raconta nonchalamment que pour sa part, elle en était à sa cinquième famille d'accueil. Sa mère était décédée alors qu'elle n'était qu'un bébé et son père, chômeur, n'avait pas pu s'occuper d'elle bien longtemps. Elle avait un frère qui comme elle, vivait en foyer d'accueil. Pas de grands-parents, ni oncles ou tantes pour les prendre en charge.

Quand je lui demandai pourquoi elle avait eu cinq foyers différents, elle fixa son assiette vide. Ses cheveux noir corbeau lui retombant sur le visage.

– Pour différentes raisons. J'ai parfois été malchanceuse, mais... d'autres fois, c'était ma faute.

Elle n'en dit pas plus. Béatrice garda le silence et personne ne lui posa de questions sur sa propre situation. Après le déjeuner, je retournai dans ma chambre-bureau pour lire un peu, mais sans grand enthousiasme. Ce que nous avait révélé Roxane me dérangeait beaucoup. Cette fille n'avait que quatorze ans et elle avait vécu tant de choses, que je devinais horribles, qu'on aurait dû l'aider, la prendre en charge, l'empêcher de vivre encore et encore ces drames qu'elle ne méritait pas ! Elle vivait seule et elle devait affronter la jungle, avec l'aide d'une travailleuse sociale délirante et débordée.

Je savais que tout ça existait, j'avais côtoyé d'autres enfants dans la même situation, du temps où mes parents en accueillaient encore et aussi à l'école. Ils faisaient partie du paysage, mais ne restaient jamais bien longtemps, quelques mois, parfois une année scolaire, puis on ne les revoyait plus. C'était la première fois que je prenais pleinement conscience de la vie qu'ils menaient et j'en étais bouleversé. Moi je vivais ma petite vie, bien entouré, bien nourri, dans une famille stable, sécuritaire et heureuse. Je n'avais jamais connu la peur, l'abandon ni la violence et je m'en sentais tout à coup presque coupable.

On vint chercher Béatrice et Roxane vers onze heures. Marthe Gignac avait dû faire du temps supplémentaire tôt le matin pour leur trouver un autre foyer et lorsqu'elle arriva, elle avait les traits tirés et les cheveux en bataille. Sa blouse d'un vert lime éclatant, aurait manifestement eu besoin d'un coup de fer à repasser. Elle semblait s'être maquillée en vitesse et le résultat n'était pas des plus réussis !

Elle apprit aux filles qu'elles allaient être placées ensemble chez une famille qu'elle connaissait bien.

– Tout va bien se passer cette fois, dit-elle, d'un ton qui se voulait rassurant, en agitant nerveusement les mains. Tous les enfants qui sont allés dans cette famille ne voulaient plus en repartir ensuite !

Roxane eut un mouvement d'impatience.

– On n'en demande pas tant, soupira-t-elle. Tout ce qu'on veut c'est une place où on peut vivre sans avoir peur de se faire tripoter pendant la nuit.

Marthe, agacée par cette réplique, pinça les lèvres et se tourna vers mes parents, leur demandant s'ils acceptaient toujours de garder Daphné.

– Elle n'est pas toujours facile, mais elle n'est pas mauvaise, affirma-t-elle tristement. Il faut lui laisser du temps pour s'adapter.

– Nous ne revenons pas sur notre décision, déclara mon père. Elle peut rester ici, bien sûr.

Marthe sourit, puis elle demanda à voir Daphné. Ma mère la conduisit dans ma chambre, au sous-sol. Je me demandais bien à quel moment Daphné allait enfin consentir à sortir de sa cachette. Les jumelles ne m'avaient pas lâché, me demandant à toutes les cinq minutes de descendre au sous-sol.

– On pourrait aller lui faire un spectacle ! On pourrait se déguiser, ça la ferait rire !

– Ouiiiiii ! Je chanterais une chanson et tu jouerais de la flûte ! On pourrait danser !

– Non les filles, c'est pas une bonne idée pour l'instant.

Elles ne comprenaient pas. Elles s'éloignaient, mais revenaient à la charge plus tard avec de nouvelles idées géniales.

Soudain, j'aperçus Daphné qui montait les dernières marches de l'escalier. Apparemment, ma mère ou bien Marthe Gignac avait réussi à la faire sortir de ma chambre.

– Salut, dit-elle simplement.

J'étais tellement surpris que je me contentai de la regarder, bouche bée.

– Ils t'ont coupé la langue à l'hôpital ? demanda-t-elle après un instant.

– Euh… non… je…

Les jumelles arrivèrent à ce moment en dansant, affublées chacune de plusieurs colliers et bracelets clinquants, de souliers à talons hauts et de robes au voilage bleu électrique, qui auraient certainement pu appartenir à Marthe Gignac. D'ailleurs, celle-ci les observait de la cuisine, ravie.

– Wow ! s'écria-t-elle. Quel style !

Charlie et Flavie tournaient autour de Daphné en chantant :

– C'est la fête ! C'est la fête !

Elles lui prirent les mains et tentèrent de l'entraîner dans leur danse. Daphné les regardait, l'air amusée, mais aussi un peu embarrassée d'être au centre de toute cette agitation. Mon père intervint après quelques instants.

– Les filles, ça suffit maintenant. Laissez Daphné s'installer.

– Oh ! Papa ! s'écrièrent-elles en cœur. C'était tellement amusant !

– Ça suffit… ça suffit, répéta-t-il.

Les jumelles retournèrent dans leur chambre, piteuses.

Lorsque le calme fut revenu, Daphné se tourna vers Marthe, Roxane et Béatrice.

– Bon, ben voilà. J'imagine que vous pouvez y aller maintenant. Je pense que j'ai été acceptée.

Tout le monde rit un peu nerveusement. Ensuite, Marthe fit ses recommandations d'usage, serra la main de mes parents et sortit, accompagnée des deux filles.

On installa Daphné au rez-de-chaussée, dans la chambre où Roxane et Béatrice avaient dormi la nuit précédente. Flavie et Charlie, toujours déguisées, s'installèrent sur le nouveau lit de Daphné et lui tinrent compagnie pendant qu'elle plaçait ses affaires dans les tiroirs. De ma chambre, de l'autre côté du corridor, je pouvais les entendre babiller. Ma jambe m'élançait et je m'étais étendu pour la reposer un peu.

– Oh ! Daphné, tu as beaucoup trop de noir ! Tu devrais choisir des vêtements plus colorés, plus joyeux !

– Oui, du rose, du mauve, de l'orange ! Puis des brillants ! C'est tellement beau des brillants, tu sais, ça brille !

– Euh… oui, ça brille. Justement, j'ai pas vraiment envie de briller ces temps-ci.

– Pourquoi ?

Mes sœurs n'avaient pas encore appris l'art subtil de tenir une conversation en évitant les sujets délicats. Elles allaient plutôt droit au but, ne voyant pas qu'elles causaient souvent des malaises avec leurs questions indiscrètes. Je me doutais bien que Daphné ne souhaitait pas nécessairement répondre.

– Elle a pas envie, c'est tout ! leur criai-je de ma chambre. Voulez-vous bien la laisser tranquille un peu !

Je me levai péniblement et tentai de traverser le corridor en sautillant sur ma jambe valide.

– Bon, l'handicapé qui se mêle de ce qui le regarde pas ! s'écria Charlie en se levant debout sur le lit. Laisse-nous, on a une conversation de filles ici ! C'est pas de tes affaires.

Elle sauta du lit et se précipita sur la porte pour la fermer. Je tentai de l'en empêcher, mais une douleur sourde se fit sentir dans ma jambe lorsque je la bougeais. Je figeai et serrai les mâchoires un instant. Un instant de trop. La porte était maintenant fermée et les filles rigolaient à l'intérieur. J'entendis même Daphné laisser échapper un léger gloussement. Ensuite, ce ne fut plus que chuchotements et rires étouffés jusqu'à l'heure du midi.

Je retournai m'asseoir sur le lit. J'étendis ma jambe en grognant. Quelque chose n'allait pas, c'était certain. Après tout ce temps dans le plâtre, la fracture devait maintenant être pratiquement guérie ! Pourtant, une douleur intense se faisait sentir par pulsations au rythme des battements de mon cœur.

Je fermai la porte de la chambre en utilisant une béquille comme extension à mon bras, puis je baissai un peu mon pantalon de sport. Ma hanche et le haut de ma cuisse étaient rouges, chauds et enflés. On pouvait même voir la marque de l'élastique du pantalon incrustée dans ma peau. Je fermai les yeux pendant un long moment. Le mince espoir que j'entretenais de remarcher cet été, s'enfuyait lentement, comme du sable que j'aurais laissé couler de mon poing fermé.

Chapitre VII

Je fus de nouveau admis à l'hôpital, où on découvrit une infection à ma jambe. Lors de l'opération, la plaie n'avait pas été convenablement nettoyée. Personne ne pouvait dire pourquoi. Le chirurgien renvoyait la balle au résident, qui la renvoyait à son tour aux infirmières, qui critiquaient le manque de ressources dans les services de santé. C'était bien commode que tant de gens aient été présents à cette opération, mais le résultat était le même : j'avais des antibiotiques à prendre et un nouveau plâtre jusqu'à la fin de l'été. Génial !

Après cinq jours de tests, de prises de sang, de radiographies et de nourriture molle, on me donna mon congé. Papa vint me chercher en fin d'après-midi. J'étais de mauvaise humeur et je n'avais pas envie de parler. Je crois qu'il le sentit et le trajet se fit en silence. Le soleil brillait, c'était une belle journée de printemps.

Normalement, par une journée comme celle-là, après l'école, on pouvait rouler jusqu'au parc et s'amuser avec nos planches jusqu'à tard le soir. En plus de Babe, Vallières et Butch, plusieurs autres planchistes se joignaient à nous et ça devenait vraiment intéressant. On se lançait des défis, on s'observait les uns les autres, on se jaugeait, on apprenait des nouvelles figures. Puis, le fait d'avoir des spectateurs nous donnait toujours une motivation pour nous dépasser. C'était des jeunes de notre école qui rêvaient de faire comme nous, des promeneurs qui s'arrêtaient pour voir de quoi on était capables, des filles qui s'assoyaient en bandes serrées et qui riaient trop fort en espérant qu'on les remarque. Il y avait aussi toujours des hommes seuls un peu bizarres qui nous offraient parfois de l'argent pour qu'on les suive dans le petit boisé derrière le parc. Évidemment, tout le monde savait ce qu'ils voulaient et la plupart du temps, on se mettait à trois ou quatre pour les intimider et leur demander de partir. Une fois, Babe s'était fâché et s'était mis à courir en criant avec sa planche à bout de bras après un type un peu trop insistant.

– Eh ben, avait dit Vallières, très sérieux. C'est la première fois que sa planche lui sert à quelque chose !

L'anecdote faisait maintenant partie de la légende. Dès qu'un type un peu louche s'installait trop près, il y avait toujours quelqu'un pour crier à Babe d'aller s'en occuper.

– Qu'est-ce qui te fait sourire ? demanda papa.

Je laissai échapper un soupir.

– Je pensais à mes amis.

Il me jeta un coup d'œil de côté.

– Oui, j'imagine qu'ils doivent te manquer.

Je détournai le regard vers l'extérieur sans lui répondre.

– J'oubliais, me dit mon père. Nous sommes allés inscrire Daphné à ton école et elle a commencé les cours avant-hier.

– C'est bien.

– Elle semble s'adapter. Elle s'est déjà fait des amis et nous a même demandé la permission de sortir demain soir.

J'étais surpris. Elle m'avait plutôt laissé entendre qu'elle n'avait pas l'intention de socialiser.

– Puis la semaine prochaine, c'est à ton tour de retourner à l'école. Nous avons discuté avec la directrice et elle t'offre de suivre des cours de rattrapage jusqu'à la fin de l'année.

– Wow… je saute de joie !

La perspective de retourner à l'école ne me plaisait pas du tout. Je m'imaginais déjà, me trimballant dans les corridors entre les cours, avec mes béquilles et mes livres, trébuchant et m'affalant devant tout le monde.

Nous passions devant un stationnement et je vis un groupe de jeunes planchistes qui s'amusaient à slalomer entre les voitures. C'était des débutants, mais j'aurais donné n'importe quoi pour aller les rejoindre.

Je préférai regarder ailleurs et mon père remarqua ma réaction.

– Alex, je suis désolé pour ta jambe. J'imagine que tu es déçu de ne pas pouvoir marcher cet été.

– Ça va papa. Ça va, dis-je, agacé.

Mais mon père, psychologue depuis une vingtaine d'années, avait l'habitude très désagréable, une fois sa journée de travail terminée, de pratiquer son métier avec les membres de sa propre famille. En tant qu'ado, j'étais son cobaye favori. Il n'allait pas lâcher le morceau aussi facilement.

– Comment te sens-tu ? Tu sais, tu as le droit de te fâcher.

– Ça va, je t'ai dit !

Je n'avais vraiment pas envie de m'étendre sur le sujet tout simplement parce qu'il n'y avait rien à dire ! J'étais assigné à résidence pour l'été, un point c'est tout.

Les jumelles me tombèrent dessus dès que j'eus franchi le seuil de la porte. Charlie réussit à m'escalader en s'agrippant à mes vêtements, tel un petit écureuil grimpant à un tronc d'arbre. Une fois là-haut, elle s'accrocha à mon cou.

– Alex ! Tu nous as manqué !

Elle fourra son petit nez dans mon oreille en lançant des cris aigus, pendant que Flavie m'entourait la taille de ses bras, en ronronnant.

– Oooooooh ! Un plâtre tout neuf ! s'écria-t-elle. Est-ce qu'on peut dessiner dessus ? S'te plaît ! S'te plaît !

Je vis Daphné, au bout du corridor, qui nous observait, un léger sourire au coin des lèvres. Je lui fis un geste de la main, qu'elle me rendit avant de retourner dans sa chambre.

– T'as vu Alex, me confia Flavie en chuchotant, elle suit pas du tout nos conseils. Elle continue de s'habiller en noir !

– Oui, ajouta Charlie. Elle porte de drôles de bijoux, avec des crânes, et des signes bizarres. Faudrait que tu lui parles. Peut-être que toi, elle t'écouterait ?

J'éclatai de rire.

– Je pense pas, non ! Mais continuez, vous deux. Avec beaucoup de patience, vous allez peut-être réussir.

Elles ne semblèrent pas convaincues. Charlie se laissa glisser jusqu'au sol et elles coururent à leur chambre à l'étage, chercher leurs marqueurs. Je dus ensuite m'installer au salon, la jambe étendue, pour leur permettre d'effectuer des soins de beauté à mon plâtre.

– S'il vous plaît, pas trop de fleurs, cette fois ! me plaignis-je. Ça m'enlève toute crédibilité.

– Des cœurs alors ?

J'entendis Daphné se mettre à rire dans sa chambre.

– Des petits chats ! cria-t-elle.

– Excellente idée ! dit Charlie, rayonnante.

Les jumelles se mirent au travail. Leur petite langue rose pointait entre leurs lèvres, alors qu'elles se concentraient sur les dessins. On pouvait voir naître sous la pointe des crayons, des dizaines de chatons, dont les queues artistiquement entrelacées formaient des cœurs et des petits oiseaux bizarrement poilus. Malgré mon aversion pour ce genre de dessin, je ne pouvais nier que mes sœurs avaient du talent.

Daphné apparut à la porte du salon en arborant un sourire espiègle.

– Tu peux être fière de toi ! lançai-je mi-fâché, mi-résigné. Maintenant, plus personne ne voudra se montrer en ma compagnie !

– Eh bien, au moins on sera deux, répondit-elle.

Je la regardai, un peu surpris.

– Papa m'a dit que tu t'étais fait des amis !

Elle s'approcha, jeta un coup d'œil aux dessins et s'installa sur le fauteuil en face de moi. Elle avait repoussé ses cheveux derrière ses oreilles, ce qui adoucissait remarquablement ses traits. Sa joue et le contour de ses yeux avaient maintenant une teinte jaune pâle qui pouvait presque passer inaperçue.

– Des amis ? Non. Des connaissances, c'est tout. Rien qui vaille la peine d'être mentionné.

Je la trouvais dure et je me demandai si c'était également ce qu'elle pensait de moi. Elle ajouta :

– Il m'en faut plus que ça pour considérer quelqu'un comme un ami. Tu sais, quand on change d'école deux à trois fois par année, on devient prudent quand vient le temps de se lier à quelqu'un. Disons que c'est préférable de rester en surface.

Elle laissa planer le silence quelques instants :

– Je suis désolé pour ta jambe.

Mon père m'avait dit exactement la même chose quelques minutes plus tôt, mais venant d'elle, j'étais plus enclin à l'accepter.

– Ouais... On dirait bien que quelqu'un a oublié de faire son travail et que c'est moi qui en paye le prix.

Elle sembla réfléchir pendant quelques secondes à ce que je venais de dire, puis un sourire sans joie se forma sur ses lèvres.

– Un peu comme moi, dit-elle finalement.

– Comme toi ? Je ne comprends pas...

– C'est moi qui paye pour les erreurs de quelqu'un d'autre. Je « fais le temps » de quelqu'un d'autre.

Je gardai le silence et elle poursuivit avec une voix différente, plus acérée.

– Ma mère est incapable de s'occuper de moi. Mon beau-père me blesse gravement et réussit à faire passer ça pour un accident. Qui est puni dans tout ça ? Qui est sous surveillance vingt-quatre heures par jour ? Qui n'a rien à dire dans les décisions qui la concernent ?

Je me mis bêtement à fixer le bout de mes orteils qui pointaient à l'extrémité de mon plâtre.

– C'est injuste..., finis-je par dire.

– Tu parles ! s'exclama-t-elle en se levant brusquement.

Elle semblait sur le point d'exploser. Les traits de son visage étaient devenus durs, elle avait serré les lèvres et ses iris normalement gris avaient viré au bleu foncé, presque noir.

Mon cerveau travaillait à trouver quelque chose d'intelligent à répondre, lorsqu'on cogna à la porte. Charlie se précipita pour aller ouvrir.

– Alex ! hurla-t-elle de la cuisine. C'est ta gang ! Ils sont venus t'offrir leurs condoléances !

J'entendis Vallières pouffer de rire. Nous étions allés, quelques mois plus tôt, à l'enterrement de la sœur de maman, décédée d'un cancer. Les jumelles avaient beaucoup questionné mes parents au sujet de la cérémonie et surtout de la tradition d'offrir les condoléances à la famille. Charlie avait été très intriguée par cette pratique et s'esquivait sans cesse pour aller se placer à côté de notre oncle qui serrait la main à tous ces gens. Maman avait dû aller la chercher à plusieurs reprises et la menacer de la punir si jamais elle s'éloignait encore d'elle.

– C'est quoi des condoléances, maman ? avait demandé Charlie, sans trop de discrétion.

J'avais vu ma mère rougir et tenter d'expliquer à ma sœur qu'il fallait parler moins fort.

– D'accord maman… avait chuchoté très fort Charlie. Mais c'est quoi des concondoléances ?

Depuis ce jour, toutes les occasions étaient bonnes pour utiliser ce nouveau mot.

Je rejoignis mes amis à la cuisine et fis signe à Daphné de me suivre. Quand ils me virent, Butch et Vallières éclatèrent rire.

– Wow ! s'exclama Vallières en regardant la fresque féline qui ornait mon nouveau plâtre. Les filles, vous vous êtes vraiment surpassées !

– Oui, grognai-je en lançant un regard noir à Daphné. Elles ont été très… inspirées.

– Salut, Daphné, dit Butch, hésitant.

Je lui avais téléphoné quelques jours auparavant pour lui annoncer que j'étais de nouveau à l'hôpital et j'avais mentionné que Daphné était à la maison.

– Salut, répondit celle-ci froidement avant de tourner les talons et se diriger vers sa chambre.

Vallières, songeur, la regarda s'éloigner quelques instants et se rappelant pourquoi ils étaient venus me voir, il se tourna vers moi.

– Je voulais que tu voies mon *ollie impossible*. Je le réussis bien maintenant !

– Ouais, c'est ce qu'on m'a raconté, dis-je, me donnant l'air de ne pas trop y croire. Faut voir... faut voir...

Butch sortit le premier et tint la porte ouverte pour que je puisse passer. Bien qu'il soit gentil, son geste me mit subitement très en colère, sans que je ne comprenne trop pourquoi.

– Ça va, grinçai-je, de mauvaise humeur, je sais encore comment ouvrir une porte !

Butch me regarda, surpris. Je passai devant lui et descendis l'allée jusqu'à la rue, sans me retourner. Je sentais le regard des autres me brûler. Les jumelles s'approchèrent en silence et se tinrent près de moi pendant que Vallières, manifestement mal à l'aise, s'apprêtait à faire sa démonstration.

– Ben vas-y ! Qu'est-ce que t'attends ? demandai-je méchamment en m'appuyant sur la borne-fontaine qui se trouvait là.

Évidemment, Vallières ne réussit à impressionner personne. Il tenta désespérément d'effectuer cette figure sur laquelle il travaillait depuis des semaines, mais rien n'y fit.

– Je comprends pas ! se plaignit-il. Encore ce matin, je le réussissais !

– C'est vrai ! renchérit Butch. Je l'ai vu !

Je pris un malin plaisir à me moquer de mon ami qui devenait de plus en plus nerveux et de moins en moins habile. À la fin, il tomba, simplement en tentant de traverser la rue. Je me mis à rire exagérément en me tapant sur les cuisses, sans même m'assurer d'abord qu'il ne s'était pas blessé. Les jumelles coururent vers lui et l'aidèrent tant bien que mal à se relever en me lançant des regards noirs.

– Wow ! Bravo ! Impressionnant ! criai-je en croisant les bras sur ma poitrine.

Au même moment, je sentis que mon appui sur la borne-fontaine devenait instable et que je me mettais à glisser sur le côté. Je tentai de rétablir mon équilibre en sautillant sur ma jambe valide, mais une intense douleur se fit sentir dans l'autre jambe et je basculai soudain vers l'arrière. Le choc fut brutal et résonna dans toute ma colonne vertébrale lorsque je touchai le sol.

– Aaaaaaaaah !

Je gardai les yeux fermés pendant un long moment. J'appréhendais le moment où je les rouvrirais pour apercevoir leurs visages défaits et inquiets. J'en avais marre des regards mouillés et des encouragements mous. J'inspirai profondément et m'apprêtai à répéter que tout allait bien, quand j'entendis le bruit de deux planches à roulettes s'éloigner.

Je relevai brusquement les paupières. Plus personne. Je tournai la tête juste à temps pour apercevoir Butch et Vallières tourner le coin de la rue.

– Hé ! criai-je.

– Arrange-toi avec tes problèmes !

Je crus reconnaître la voix de Butch. Ils étaient partis. Même les jumelles étaient retournées à la maison, me laissant seul avec mon humiliation. J'étais sidéré. Comment avaient-ils pu ? Je serrai les dents et les poings avec rage. Comment allais-je faire pour me relever maintenant ?

Une voiture passa juste devant. Le vieil homme qui conduisait me fixait avec curiosité. J'eus envie de lui crier des insultes et de brandir une béquille en sa direction, mais je me contentai de lui lancer un regard méprisant.

– Tu comptes rester assis là longtemps ?

Je me retournai brusquement et vis Daphné, un sourire amusé sur les lèvres, qui me regardait de la fenêtre de la salle de bain.

– J'observe le paysage, lançai-je froidement en regardant droit devant moi.

Elle ne répondit pas, et j'entendis le bruit de la fenêtre qui se refermait.

Chapitre VIII

Le retour à l'école ne fut pas aussi terrible que je m'y attendais. J'étais devenu habile dans mes déplacements avec les béquilles et de toute façon, il y avait toujours quelqu'un pour m'aider à porter mes livres. Le docteur Bélanger avait eu raison : ma cote de popularité auprès des filles était montée en flèche ! Elles chuchotaient sur mon passage et ne se faisaient pas prier pour me tenir compagnie entre les cours et à l'heure du lunch. J'en étais flatté, mais je n'avais envie d'approfondir la relation avec aucune d'entre elles. Je les trouvais toutes agaçantes avec leur manie de ricaner dès que j'ouvrais la bouche.

Comme nous étions la plupart du temps dans les mêmes cours, j'avais finalement revu mes amis planchistes. En vrais mâles que nous étions, il n'y avait pas eu d'effusion, pas d'accolade pour sceller notre réconciliation. Juste un regard entendu et un coup de poing sur l'épaule de la part de Vallières, ce qui voulait tout dire. C'était bon de les retrouver et de sentir à nouveau que je faisais partie de la bande. Toutefois, certains points avaient changé et je n'étais plus le leader du groupe. Subtilement, on m'avait fait sentir que

Butch avait désormais pris ma place. Je n'en étais pas particulièrement affecté, puisque j'avais toujours trouvé ce rôle un peu lourd. Pas qu'il y ait eu d'énormes dilemmes à résoudre, c'était plutôt de l'ordre du choix de l'endroit où nous allions passer notre samedi ou à quelle heure nous allions nous rejoindre au parc. Alors d'observer Butch bomber le torse en prenant cette nouvelle responsabilité avec tellement de sérieux était impayable. Et il y avait Fanny, toujours accrochée à son bras, qui remplissait très bien son rôle de première dame.

Peut-être parce que j'avais perdu l'habitude de travailler autant, je trouvais les journées à l'école horriblement longues. Les cours de rattrapage de quinze à dix-sept heures m'achevaient littéralement. Les mathématiques avaient toujours été ma bête noire et je devais fournir d'énormes efforts pour rester dans la moyenne. J'arrivais vidé à la maison, avec une seule envie : dormir. Malheureusement, j'avais des tonnes de devoirs à faire et ce n'est que vers vingt-deux heures que je pouvais enfin rejoindre mon lit. Les examens de fin d'année approchaient et ce n'était pas le temps de me relâcher. On m'avait accepté au cégep en sciences de la nature, mais mon dernier bulletin, s'il était mauvais, pouvait remettre en cause cette décision. J'y allais donc à fond de train, ne m'accordant que quelques heures de repos pendant la fin de semaine.

Mes parents avaient réussi à organiser des rendez-vous en physiothérapie le même jour pour Daphné et moi. Nous prenions ensemble l'autobus une fois par semaine pour nous rendre à l'hôpital. Daphné n'était pas très bavarde et ça me convenait. La plupart du temps, je lui prêtais l'un des écouteurs de mon lecteur MP3 et nous faisions le trajet en silence. Je lui avais fait connaître U2 et elle avait beaucoup aimé. Ce qui m'avait surpris. Son look donnait l'impression qu'elle devait plutôt écouter des trucs sombres et *underground*, mais en fait, je m'étais rendu compte qu'elle ne connaissait pas grand-chose à la musique.

Daphné avait, comme moi, du retard à rattraper à l'école et nous nous retrouvions souvent tous les deux occupant la totalité de la table de la salle à manger avec nos livres et nos cahiers, jusqu'à tard le soir. J'aimais bien ces moments tranquilles où tout ce que l'on entendait était le crissement des crayons sur le papier et le tic-tac de l'horloge. Je crois que Daphné appréciait également ces tête-à-tête, car malgré son léger retard scolaire, elle n'avait pas autant de travail à abattre que moi et je la soupçonnais d'en faire un peu plus que nécessaire. Elle pouvait parfois passer une heure sur la même page de problèmes mathématiques, vérifiant et re-vérifiant ses réponses, d'un air concentré. Parfois, je l'observais discrètement et je me surprenais à sourire, sans raison.

– Tu vas t'en sortir ? lui demandai-je un soir, après qu'elle eut recommencé trois fois le même problème.

Elle me lança un drôle de regard, comme si elle émergeait d'un rêve et qu'elle reprenait lentement contact avec la réalité.

– Quoi ?

Je pointai du bout de mon crayon la page sur laquelle elle travaillait.

– Ton problème, ça va ?

Elle regarda son cahier d'un air absent.

– Oui, oui, ça va.

– On fait une pause ?

Je me levai pour aller nous verser un verre de jus. Elle déposa son crayon et recula sa chaise en se frottant les yeux.

– C'est pas de refus.

Elle s'approcha du comptoir où j'avais déposé les verres et s'assit sur un tabouret.

– Comment tu trouves ça ici, finalement ? demandai-je.

– C'est bien. J'aime beaucoup tes parents, ils sont cool.

– Oui, je crois qu'ils t'aiment bien, eux aussi. Et à l'école, comment ça se passe ?

Elle prit une gorgée de son jus avant de répondre.

– Je me débrouille. Je pense que je devrais quand même bien réussir.

– C'est pas de tes notes dont je voulais parler, dis-je sérieusement. Tu t'es fait des amis ?

– Holà ! s'écria-t-elle, un demi-sourire sur les lèvres. Tu veux prendre la place de Marthe ou quoi ? Je la rencontre une fois par semaine, c'est suffisant.

Elle fit de grands gestes frénétiques avec ses bras.

– Elle m'aide à sortir mes émotions, à exprimer mon « moi » intérieur !

Je me mis à rire.

– J'en demande pas autant ! Je voulais juste avoir des nouvelles… savoir si tu t'es fait des amis, si tu as rencontré des personnes intéressantes.

– Je crois qu'on a déjà parlé de ça, de l'amitié, se renfrogna-t-elle, son visage s'assombrissant tout à coup.

– Oui, mais ça fait presque un mois. T'as eu le temps d'apprendre à mieux les connaître, non ?

Elle eut un petit rire méprisant.

– C'est pas si simple, tu… tu peux pas comprendre.

– Ben vas-y, je t'écoute, affirmai-je en croisant les bras.

Daphné se mit à faire tourner nerveusement une bague autour de l'un de ses doigts avec son pouce.

– Quand on se rapproche de quelqu'un, on s'intéresse nécessairement à lui, à son histoire, on a envie d'en savoir un peu plus.

– Oui.

– Mais tu vois, tout ça… tout ce qui m'arrive, toute cette… merde, je… j'ai pas envie de raconter ça. J'ai pas envie de répondre à leurs questions et qu'on me prenne en pitié, qu'on me regarde avec dégoût.

– Qui te dit que ça va se passer comme ça ?

– Comment on dit déjà ? Chat échaudé craint l'eau froide ?

Elle souriait, mais c'était sans joie.

– Quand j'avais dix ans, on déménageait souvent, en fait aussitôt que les voisins devenaient un peu trop curieux à propos des bruits qu'ils entendaient chez nous.

– Quels bruits ?

– Des cris. Des coups. Une enfant qui pleure.

J'avalai difficilement ma salive en attendant la suite.

– Un jour, ça devait être la cinquième ou sixième école primaire que je fréquentais, j'arrive dans une école superbe avec plein de modules de jeux dans la cour, des activités après les classes, des professeurs tellement gentils, c'était incroyable. Je me suis sentie bien, j'ai eu envie de faire partie de cet univers.

Daphné souriait, plongée dans ses souvenirs.

– Il y avait aussi une petite fille blonde avec des tresses, dans ma classe. Gentille et tout. Elle m'invitait souvent à aller chez elle, mais ma mère ne me laissait pas y aller, évidemment. C'était pas grave, on jouait ensemble à la récréation. Puis après l'école, on marchait jusqu'à sa maison et je devais ensuite courir très vite vers chez moi pour qu'elle ne voie pas où j'habitais.

Elle mit ses coudes sur le comptoir et se pencha vers l'avant, comme pour appuyer ce qu'elle allait dire.

– Un jour, elle m'a suivie sans que je m'en aperçoive. On habitait un HLM assez miteux, quelque chose de pas trop recommandable, tu vois. Elle ne m'a pas dit qu'elle m'avait suivie, mais le lendemain, elle s'est mise à me poser des questions sur ma famille, d'où je venais, etc. Je ne me suis pas méfiée et j'avais tellement besoin de parler. Alors, je lui ai tout déballé. Comment je vivais, ce que ma mère me faisait, ce que mon beau-père me faisait…

Elle garda un instant le silence, fixant les motifs du comptoir de céramique. J'étais tendu et je n'osais pas bouger.

– Le lendemain, tout le monde à l'école était au courant. Ils ont sorti l'artillerie lourde : psychologue, travailleurs sociaux… C'est à partir de ce moment-là que j'ai commencé à me promener d'une famille d'accueil à une autre.

– Tu penses pas que c'était une bonne chose finalement ? Ils t'ont sortie de là au moins…

Daphné eut un geste d'impatience en désignant son bras.

– Comme tu peux voir, les familles d'accueil ne sont pas toujours la solution miracle.

Elle se radoucit.

– Mais bon, tout ça pour te faire comprendre que je n'ai pas une très bonne expérience de l'amitié et que je préfère garder mes distances, tu vois.

Je contournai le comptoir qui nous séparait et je m'assis tant bien que mal sur le tabouret à côté du sien.

– T'as jamais eu d'amis après ça ?

Ça n'avait aucun sens pour moi.

– Dans toutes les familles où t'as habité, y a jamais eu quelqu'un en qui t'as eu confiance ? Personne à qui parler véritablement ?

– J'ai rencontré pas mal de jeunes comme moi, amochés. Certains encore plus que moi. Oui, on se raconte nos histoires. On peut le faire parce qu'on se ressemble et on sait que de toute façon, on va être séparés tôt ou tard.

J'eus un petit rire en soulevant ma jambe plâtrée.

– C'est pour ça que tu me fais confiance ? Parce que je suis amoché et que je te ressemble un peu ?

Elle ne répondit pas. Si je suivais son raisonnement, elle pouvait me parler ouvertement parce qu'elle pensait ne pas vivre ici très longtemps.

Je me tournai vers elle.

– Écoute-moi. Ici, tu peux rester aussi longtemps que tu voudras. Rien ne t'arrivera. Je comprends pas comment des gens qui sont censés te protéger ont pu laisser toutes ces choses se produire, mais je peux t'assurer que maintenant, c'est terminé.

Je respirai profondément avant de poursuivre :

– Si t'en ressens encore le besoin, tu peux venir me parler. Après ce que tu viens de me raconter, je comprends que t'hésites à lier des amitiés.

Elle fixait ses mains en silence. J'aurais voulu pouvoir lire ses pensées.

– Je vais aller dormir, murmura-elle finalement.

Elle se leva et se dirigea vers la table pour ramasser ses affaires. Je l'entendis ensuite refermer son sac à dos, puis il y eut un silence et elle sembla sur le point de dire quelque chose. Mais elle se ravisa et se dirigea lentement vers sa chambre.

Le mois de mai se termina enfin avec la remise des travaux longs. On passait maintenant à la révision, pour nous préparer aux examens finaux. J'accueillis ce nouveau programme avec soulagement. Mes soirées étaient maintenant consacrées à la lecture de mes notes de cours. Toutefois, quelque chose me préoccupait et m'empêchait de bien me concentrer.

Avant les vacances d'été, tout de suite après les examens, avait lieu le bal de fin d'année. Je n'étais pas particulièrement emballé à l'idée de devoir porter un smoking et de passer la soirée à écouter les discours de remerciements et les blagues que les membres du comité organisateur se feraient entre eux au micro. Ce serait profondément ennuyeux, surtout que je ne pourrais même pas danser, vu mon état. Mais tout le monde semblait emballé par l'événement et on ne parlait que de ça à l'école.

Les filles ne cessaient de s'exciter en décrivant leur coiffure et la robe qu'elles allaient porter. Les gars eux, s'intéressaient surtout à l'après-bal où c'est là, d'après eux, que tout allait se passer. Des chalets avaient été loués, la bière allait couler à flot et la plupart des gars se promettaient d'aller visiter les sous-bois avec celle qui allait les accompagner.

Parce que voilà, il fallait être accompagné. Évidemment, ce n'était pas une loi écrite ni une condition pour être admis à la soirée, mais cela faisait partie de la tradition. C'était comme ça, et ça me désespérait. Aucune fille de l'école ne m'intéressait vraiment. J'avais des amies avec qui j'aurais pu passer du bon temps, mais elles avaient été invitées depuis plusieurs semaines déjà. Il fallait que je trouve rapidement une solution.

Un soir, installé à nouveau à la table pour étudier avec Daphné, je pris mon courage à deux mains.

– Daphné ?

– Mmmmmh ?

Mes parents écoutaient la télé au salon. Je lui demandai à mi-voix :

– Voudrais-tu m'accompagner à mon bal ?

Elle haussa les sourcils.

– Qu... quoi ?

Je devins subitement mal à l'aise. Je sentais que mes joues viraient au rouge.

– J'ai personne. Toutes les filles sont déjà prises !

– Oh ! je suis désolée qu'aucune fille ne s'intéresse à toi !

Évidemment, ça ne pouvait pas être simple.

– Je m'excuse, dis-je rapidement. C'est pas ce que je voulais dire. Je te le demande pas en dernier recours.

– C'est pourtant exactement ce que tu viens de faire.

Son ton était dur. J'avais foiré complètement et je n'avais plus qu'à oublier tout ça.

Après un moment de silence pendant lequel je ramassai mes affaires, tout en tentant de trouver quelque chose d'intelligent à ajouter, Daphné reprit :

– C'est pas une bonne idée de toute façon.

Je la regardai.

– Pourquoi ?

– Enfin, Alex, tu me vois dans une robe de bal ?

Je souris en réfléchissant à cette idée.

– Non, pas vraiment.

Nos rires fusèrent en même temps. Cette idée était tellement… bizarre que je m'étonnai même d'avoir pu y penser. Ça ne cadrait tout simplement pas.

Ma mère fit irruption dans la salle à manger, l'air endormie.

– Vous m'avez réveillée. Qu'est-ce que vous avez à rire ?

Je lui racontai l'anecdote. Pendant un moment, elle me regarda bizarrement, puis elle suggéra :

– Pourquoi tu demandes pas à Anaïs ?

Anaïs était la fille de sa meilleure amie. On se connaissait depuis toujours, mais on ne se voyait que pendant les vacances parce qu'elle habitait Rimouski, à trois cents kilomètres de chez moi. L'idée n'était pas mauvaise et elle avait l'avantage de ne m'engager à rien. Anaïs et moi n'étions simplement que de très bons amis. Je la trouvais drôle et intelligente, mais je n'avais jamais ressenti quoi que ce fut qui puisse ressembler de près ou de loin à de l'amour ou même de l'attirance physique. Elle était jolie, c'était certain, mais elle se préoccupait justement un peu trop de son apparence et ça m'agaçait parfois. Elle pouvait passer une heure devant le miroir à replacer une mèche de sa crinière blonde ou à appliquer des dizaines de crèmes et de poudres sur sa peau déjà lisse et sans imperfection. Il y avait des hordes de gars qui lui tournaient autour et qui attendaient qu'elle lève le petit doigt pour accourir. Quand elle venait passer quelques jours chez moi chaque été, nous sortions avec la bande et les gars ne cessaient de la lorgner en bavant presque, se demandant pourquoi moi, je n'en profitais pas.

Le lendemain, je l'appelai pour lui faire ma demande et elle accepta immédiatement.

– Mais c'est sûr ! s'écria-t-elle, tout excitée. Tu peux me prendre un rendez-vous chez une coiffeuse ? Non, demande plutôt à ta mère, elle va savoir qui appeler. J'aurais besoin aussi…

Et voilà, c'était parti ! En raccrochant le téléphone, je songeai avec satisfaction que je pourrais désormais me consacrer entièrement à mes examens, sans me préoccuper de ce bal stupide. Toutefois, je ne pouvais m'empêcher de penser que j'aurais bien aimé que ce soit Daphné qui m'accompagne…

Chapitre IX

– ALEX !

Anaïs venait de m'apercevoir à sa descente de l'autobus. Elle courut vers moi, ses cheveux blonds flottant derrière elle. Elle me prit par les épaules et m'observa pendant un moment, puis me planta un baiser bien sonore sur chaque joue.

– Tu sais que tu es de plus en plus mignon, toi ? dit-elle en me faisant un sourire radieux.

– T'es pas mal toi non plus, dis-je.

Elle me bouscula un peu en riant et enfila son sac à dos avant de me suivre vers la voiture où mon père nous attendait. Il leva les yeux du journal qu'il tenait.

– Hé ! Anaïs ! s'exclama-il, en voyant mon amie.

– Bonjour Pierre. Qu'est-ce que vous lui avez fait, dites donc ?

Elle pointait un pouce dans ma direction.

– Oh ! il n'a eu besoin de personne pour se faire ça, tu sais.

Je plaçai le sac d'Anaïs ainsi que mes béquilles dans le coffre arrière avant d'aller m'installer sur la banquette pour pouvoir y allonger ma jambe. Anaïs monta à l'avant et mon père démarra.

Mon amie avait toujours été très volubile et je constatai qu'elle n'avait pas du tout changé. Pendant les vingt minutes que durèrent le trajet vers la maison, elle réussit à nous raconter la pièce de théâtre dans laquelle elle avait joué récemment, nous expliquer comment était mort son chien la semaine précédente, nous relater sa dernière conversation avec son père qui habitait maintenant en Australie et nous détailler le déroulement de son dernier rendez-vous chez l'orthodontiste qui lui avait enlevé l'appareil qu'elle portait depuis trois ans.

Mon père me jetait des coups d'œil amusés dans le rétroviseur, l'air de se demander si j'allais pouvoir supporter ce bavardage pendant presque une semaine.

– Nous y voilà ! s'écria-t-il, soulagé, en s'engageant enfin dans l'allée qui menait à la maison.

J'avais récupéré ma chambre au sous-sol. J'étais maintenant assez habile pour monter et descendre les escaliers sans craindre de me casser le cou. On installa donc Anaïs dans le bureau où j'avais dormi pendant plus d'un mois. Lorsque ses vêtements furent placés, je l'entraînai de l'autre côté du corridor et cognai doucement à la porte de la chambre de Daphné.

Je ne savais pas du tout à quoi m'attendre de cette rencontre et j'étais un peu nerveux. Les deux filles étaient tellement différentes l'une de l'autre que je craignais presque que ça tourne à la catastrophe. Mais contre toute attente, elles sympathisèrent rapidement.

Anaïs fut très gentille et très délicate envers Daphné et ne tenta pas de lui soutirer des détails de son histoire. Daphné fit un effort pour rester avec nous ce soir-là. Nous regardions un film et je la sentais détendue, presque complètement à son aise.

Les jumelles exultaient : elles avaient trois têtes pour s'amuser ! Quand elles eurent épuisé toutes les possibilités de coiffure avec celle d'Anaïs, elles passèrent à Daphné. Évidemment je n'y échappai pas et je me retrouvai comme mes amies, les cheveux pleins de rubans et de petits élastiques roses. À la fin, elles s'installèrent dans mes bras et s'endormirent, en bavant sur mon chandail.

Lorsque le film fut terminé, Anaïs m'aida à transporter les jumelles dans leur lit. Elle les borda doucement et plaça une peluche à côté de chacune d'elle, sur l'oreiller.

En redescendant, dans la pénombre de l'escalier, elle chuchota :

– Daphné est sympathique.

– Oui, c'est vrai. On s'entend assez bien.

– Un peu renfermée.

– Faut apprendre à la connaître, tu sais, elle peut être très drôle parfois.

Anaïs s'arrêta un instant, un sourire amusé sur les lèvres.

– Quoi ? Qu'est-ce qu'il y a ?

– Tu sais, pendant un instant, j'ai cru que tu allais m'avouer qu'elle te plaisait.

Elle me lança un regard espiègle. Je fus décontenancé un instant, puis je finis par sourire.

– Ben voyons, dis-je en posant une main sur ses fesses. Tu sais bien que c'est toi que je préfère !

Elle eut un petit rire en se dirigeant vers sa chambre.

Dans mon lit, je me mis à réfléchir.

Daphné ? Qu'est-ce que je ressentais pour elle exactement ? De l'amitié, bien sûr, de l'affection aussi. Mais d'après les rêves que je faisais dernièrement, qui l'incluaient de plus en plus souvent, je ne pouvais plus nier que j'avais une certaine attirance pour elle. Anaïs avec son bronzage et ses courbes avantageuses ne réussissait pas à m'émouvoir autant.

Et Daphné, que pensait-elle véritablement de moi ? Je m'endormis sur cette question en serrant un oreiller dans mes bras.

Quand le taxi arriva le lendemain soir pour nous conduire au bal, Daphné était absente. D'ailleurs, je ne l'avais pas vue de la journée. Elle semblait nous éviter. J'étais un peu déçu, mais décidai de me concentrer sur cette soirée, qui ne s'avérait finalement pas aussi catastrophique que je l'avais imaginée. Anaïs était superbe dans sa petite robe rose à bretelles et je n'étais pas peu fier de faire mon entrée dans la salle en sa compagnie.

Nous repérâmes rapidement la table où étaient déjà installés Butch et Fanny, Vallières et July-Ann ainsi que Pat et Babe avec des filles plus jeunes dont j'oubliais le nom.

– Salut Anaïs ! lança Butch en se levant. Content de te voir !

Il l'avait toujours trouvée à son goût et avait encore de la difficulté à le cacher, malgré la présence de Fanny qui lançait des regards soupçonneux, derrière lui.

– Salut Butch, minauda-t-elle en l'embrassant sur les joues. Très élégant ce soir, dis donc.

Butch, rougissant, retourna s'asseoir en bredouillant quelque chose. Il n'y avait qu'Anaïs pour réussir à lui faire perdre ses moyens

Je tirai une chaise pour ma compagne et je pris place à côté d'elle en observant l'aménagement de l'immense salle. Il y avait une trentaine de tables, autour desquelles dix personnes pouvaient s'asseoir. Des ballons gonflés et des guirlandes de papier étaient suspendus au plafond, ainsi qu'une longue banderole sur laquelle on pouvait lire : « L'avenir entre nos mains ». Je trouvai le tout parfaitement kitsch. Une estrade à l'autre bout de la pièce, avec au centre un micro sur son pied, me confirma que nous n'allions pas échapper aux traditionnels discours.

Je reportai mon attention à notre table. Les gars portaient un smoking, tout ce qu'il y avait de plus traditionnel, comme moi d'ailleurs. Mais je savais que si j'avais jeté un coup d'œil sous la table, j'aurais vu que chacun avait gardé ses espadrilles de planchistes, question de signaler aux autres que nous n'adhérions pas entièrement à tout ça.

Les filles portaient des robes stylisées à étages, qui les faisaient ressembler à des gâteaux de mariage. Mes sœurs auraient adoré ça. Je remerciai intérieurement Anaïs d'avoir choisi une robe toute simple, qui la mettait beaucoup plus en valeur.

On nous servit un vin mousseux sans alcool et Butch ne put s'empêcher de passer un commentaire désagréable à ce sujet. Je le fis taire en levant mon verre et on trinqua à la fin de nos études secondaires.

Plus tard dans la soirée, Anaïs réussit à m'entraîner malgré moi sur la piste de danse.

– Allez, viens ! T'auras qu'à bouger les fesses un peu, c'est tout !

Je la suivis et étonnamment, je réussis à me débrouiller pour effectuer ce qui pouvait ressembler à une danse. Elle, par contre, était déchaînée et je me surpris à sourire en la regardant se trémousser au son de la musique. Elle avait relevé les bras au-dessus de sa tête et dansait, dans une sorte de transe. Soudain, je la trouvai appétissante avec ses courbes et sa peau dorée qui devait, j'en étais certain, sentir et goûter le soleil.

Mais qu'est-ce qui m'arrivait ? Depuis quand avais-je des idées pareilles en regardant Anaïs ? Je détournai la tête, de peur de me trahir. J'avais chaud et j'étais déboussolé par ces pensées qui m'avaient assailli, sans crier gare. J'aperçus Babe, seul à notre table. Prétextant une douleur à la jambe, j'allai le rejoindre avec soulagement. J'avalai une longue gorgée de mon verre d'eau en observant Anaïs de loin. Qu'est-ce qui avait changé en elle ? C'était dérangeant, ça m'agaçait et j'eus la tentation d'en parler à Babe. Mais il me prit de court en entamant une conversation au sujet des nouveaux modèles de planches. Ouais… il valait mieux m'en tenir à ça.

Le reste de la soirée se déroula lentement, les discours et la musique alternant sans fin. Vers minuit, tout le monde se leva pour partir. Nous nous étions entendus, Anaïs et moi, pour décider seulement à ce moment si nous allions suivre les autres au chalet qui avait été loué pour l'après-bal. Je l'interrogeai du regard. Elle semblait en pleine forme et prête à danser encore des heures.

– Si tu veux, on y va, lança-t-elle, un sourire en coin. Moi, j'ai bien envie de voir ça.

Pourquoi avais-je la drôle d'impression tout à coup, que le *« ça »* ne désignait pas du tout le chalet ? Mais peut-être n'était-ce que mon imagination. Oui, sûrement mon imagination.

– D'accord, on y va, dis-je en empoignant mes béquilles pour m'assurer une contenance.

Je ne voulais surtout pas croiser son regard à ce moment-là. Je craignais un peu ce que j'aurais pu y lire.

Le chalet était au bord d'un lac, situé à quelques kilomètres de la ville. Le taxi, que nous partagions avec Pat et son amie, nous y mena assez rapidement.

– Soyez sages ! plaisanta le chauffeur avant de repartir.

– N'y comptez pas trop ! cria Pat qui referma la portière en riant.

Le petit sentier peu éclairé menant au chalet était envahi de racines et de cailloux, ce qui me rendit la tâche difficile. Je n'avais aucune envie de tomber en m'empêtrant dans mes béquilles. Anaïs vint m'aider en marchant devant moi et en m'indiquant à l'avance où se situaient les obstacles.

– Attention là. Racine ! Flaque d'eau !

En vérité, elle ne m'était d'aucune aide puisque je ne pouvais détacher mon regard de ses épaules nues et de ses cheveux blonds qui se balançaient dans son dos. Je me maudissais intérieurement, me demandant où tout cela allait me mener. Mais je ne pouvais m'empêcher de l'admirer.

À l'intérieur, plusieurs personnes étaient arrivées et l'alcool avait déjà commencé à couler. On nous servit un énorme verre de punch affreusement sucré et je m'installai à une table avec Anaïs pour nous joindre à la partie de dés qui s'y jouait. Je manquai m'étouffer avec mon punch lorsque je sentis soudain qu'elle posait une jambe par-dessus la mienne, sous la table. Je lui jetai un regard ahuri auquel elle répondit innocemment :

– Quoi ? avant d'empoigner les dés et de les lancer sur la table d'une main assurée.

Je tentai de reporter mon attention sur la partie et d'oublier cette jambe chaude qui se balançait doucement sur la mienne. Je sentais qu'Anaïs avait parfaitement conscience de l'effet qu'elle me faisait, ce qui l'amusait beaucoup. Pour ma part, j'étais terrifié. Non pas que j'étais novice en la matière, non. J'avais quand même eu plusieurs blondes pendant les deux ou trois dernières années et mon expérience s'était considérablement élargie. J'avais même ramené une fille dormir à quelques reprises chez moi au cours de la dernière année. Mais là, c'était différent. C'était Anaïs, mon amie, et ça ne devait pas se passer de cette manière.

La nuit avançait et cette incroyable tension entre nous deux ne fit que s'accroître. Je calculais chacun de mes gestes pour éviter de la toucher. J'avais conscience de tous mes mouvements et plus rien ne me semblait naturel. Même ma respiration était saccadée et je devais faire un effort pour inspirer… puis expirer. Je ressentais un léger vertige.

Lentement, les uns après les autres, les couples se mirent à déserter le chalet. Vint un moment où il n'y eut presque plus personne à l'intérieur et où il me fut impossible de continuer à ignorer Anaïs. La partie de dés était terminée depuis longtemps et nous étions seuls à la table. Je ne pus faire autrement que de me tourner vers elle.

– On va faire un tour ? demanda-t-elle aussitôt, comme si elle attendait ce signal.

J'avalai ma salive avant d'accepter.

La nuit était chaude et un faible croissant de lune éclairait le lac. Anaïs me mena sur la berge, où un immense érable poussait.

– Tiens là, on sera bien, dit-elle.

Elle prit mes béquilles et m'aida à m'asseoir contre le tronc de l'arbre. Elle s'agenouilla ensuite et me fixa droit dans les yeux. J'étais pétrifié et ne pouvais faire autre chose que de la regarder moi aussi. J'avais très envie d'elle, mais cette situation était tellement incongrue, que je n'arrivais pas à faire un mouvement.

Elle glissa une main sur ma poitrine.

– À quoi tu joues ? demandai-je dans un souffle.

Elle eut un petit rire et se pencha à mon oreille.

– Bah, on peut s'amuser un peu, non ?

Je sentais mon cœur battre, non seulement dans ma poitrine, mais partout, dans *toutes* les parties de mon corps. Anaïs avait un sourire amusé au coin des lèvres.

– Écoute, dit-elle après un instant, en jouant avec une mèche de mes cheveux. Si ça peut te rassurer, je ne suis pas amoureuse de toi. Je t'aime bien, c'est tout. Tu es beau, on est bien ici et puis quoi, Alex, c'est ton bal de fin d'année ! C'est pas ce qu'on est censés faire ?

Elle fit un geste vers un groupe d'arbres non loin de là, d'où provenaient des bruissements, des craquements et des murmures.

Je me mis à rire et ne pus retenir ma main de glisser dans ses cheveux, à la base de sa tête pour attirer ses lèvres aux miennes. C'était si simple tout à coup, si incroyablement simple. Je l'embrassai doucement, respirant à fond son odeur. Elle plaça ses mains derrière mon cou et se mit à le caresser. Avec mon autre main dans le creux de son dos, je l'approchai davantage et nos corps se touchèrent. À ce contact, je me mis à l'embrasser avec plus d'énergie.

C'était bon, c'était doux, mais étrangement, je ne ressentais plus cette urgence, ce besoin qui m'avait collé à la peau toute la soirée. Et plus nous nous embrassions, plus je sentais qu'elle aussi, perdait peu à peu cette intensité qui l'avait habitée précédemment.

Nos bouches se séparèrent dans un bruit de succion, plutôt comique.

– Oh, murmura-t-elle. C'est… c'est étrange.

– Oui.

– J'ai l'impression d'embrasser mon frère.

C'était exactement ce que je ressentais. Je ne comprenais pas pourquoi tout à coup, mon désir pour elle s'était éteint, aussi subitement que si j'avais plongé tout mon corps dans l'eau froide.

Anaïs recula avec ce qui pouvait ressembler à un gémissement. Nous nous regardâmes quelques secondes, dépités.

– Je suis désolé, soufflai-je. Je sais pas ce qui s'est passé.

Elle haussa les épaules.

– Ben, c'est réglé alors. Y'aura plus rien d'ambigu entre nous.

Je la regardai, stupéfait.

– Mais c'est qu'il n'y a jamais rien eu d'ambigu avant ce soir ! Qu'est-ce que tu avais à… à…

– Quoi ! s'écria-t-elle. C'est toi qui as passé la soirée à me dévorer des yeux et à me frôler, comme par accident !

– Oui, et c'est moi peut-être qui ai posé ma jambe sur la tienne sous la table ?

Elle sourit, coquine.

– Ouais, bon je l'ai cherché un peu, je l'avoue.

– Un peu ! Je me sentais comme… j'étais certain que j'allais… exploser et que tu… tu te jetterais sur tous les petits morceaux pour les avaler ! Tu étais… terrifiante !

Elle se mit à rire en portant les mains à sa bouche, comme une petite fille prise en faute. Elle me regarda encore un instant sans rien dire, puis me tourna le dos. Elle se laissa tomber vers l'arrière pour s'appuyer sur ma poitrine. Je passai mes bras autour d'elle et la serrai très fort.

Je pris alors conscience que plusieurs heures s'étaient écoulées depuis notre arrivée au chalet. Le ciel se teintait doucement de rose au-dessus du lac et on pouvait entendre les oiseaux qui commençaient à chanter. J'eus une pensée pour Daphné, qui devait encore dormir à cette heure.

Tout était bien. Tout serait comme avant.

Chapitre X

Lorsque je me levai le lendemain après-midi, ou plutôt, le jour même, il n'y avait personne à la maison, à part Anaïs qui dormait encore. Je me versai un verre de jus d'orange et sortis sur le patio. Je m'installai à la table et, sentant que la fatigue ne m'avait pas tout à fait abandonné, j'y croisai les bras et m'y appuyai pour me reposer. J'avais l'esprit embrouillé et mon intention était de ne rien faire de ma journée. Le soleil me réchauffait délicieusement et je crois bien que je m'assoupis à nouveau.

Un bruit de pas sur le gravier de la cour me fit relever la tête et je constatai, d'après le changement de lumière, que pas mal de temps avait passé. Daphné apparut au coin de la maison et monta les trois marches du patio avant de m'apercevoir. Elle s'arrêta et m'observa un moment.

– Salut, dis-je.

– Salut, répondit-elle, un pied sur la dernière marche, se balançant d'avant en arrière, comme si elle se demandait si elle devait monter ou non.

– Alors, ce bal ? dit-elle après un moment.

– Bof, dis-je en adoptant un air blasé. Un bal. T'as rien manqué.

Elle réfléchit un instant, puis demanda très sérieusement :

– Des guirlandes et des ballons ?

J'acquiesçai, en me relevant pour m'appuyer sur les coudes.

– Des robes de princesse ?

– Oui.

– Un punch de bienvenue ?

Je me mis à rire.

– Non, du vin mousseux.

Elle souleva les sourcils en simulant la surprise.

– Wow !

– Sans alcool, ajoutai-je.

Son interrogatoire m'amusait. Je la laissai continuer.

– Comment Anaïs a trouvé ça ?

– Bien. Elle était dans son élément.

– Tu t'es pas trop ennuyé ?

Pendant un instant, je crus qu'elle me demandait si je m'étais ennuyé d'elle. Mais quand je compris qu'elle voulait savoir si je n'avais pas trouvé *la soirée* trop ennuyante, le souvenir de ce qui s'était passé avec Anaïs s'imposa à mon esprit et je devins tout à coup mal à l'aise.

– Euh… non, c'était… pas mal, enfin, je pense.

– Tu penses ?

Je n'avais aucune envie de m'étendre sur le sujet et je fus bien content quand la porte patio s'ouvrit soudain pour laisser passer les jumelles. Elles se précipitèrent sur moi et un deuxième interrogatoire débuta, ne concernant que les robes de bal, cette fois. Je vis Daphné sourire et gravir la dernière marche, pour ensuite s'engouffrer dans la maison.

Quand j'entrai finalement, ma mère arrivait avec une quantité incroyable de sacs d'un restaurant oriental.

– Ce soir, on fête la fin de ton secondaire ! s'exclama-t-elle en énumérant le contenu des sacs. Sushis, rouleaux de printemps, salade de mandarines, riz frit et crevettes au lait de coco !

Elle s'approcha, m'agrippa fermement les épaules et m'embrassa sur les joues.

– Je suis fière de toi, mon grand.

Je pus voir du coin de l'œil Anaïs qui venait de se lever, se retenir difficilement de pouffer de rire. Je réussis à me dégager avant que l'humiliation ne soit totale et que maman commence à m'appeler « mon poussin ». Je me précipitai dans l'escalier du sous-sol puis, me dirigeai vers la salle de bain pour aller prendre une douche.

En me regardant dans le miroir, je remarquai que j'avais le teint vert et que j'avais l'air d'un mort vivant. Je détestais les lendemains de veille. J'avais toujours l'impression d'avoir mal agi et que mes actes avaient échappés à mon contrôle. Cette fois c'était différent et je ressentais un mélange d'embarras et de soulagement. Embarras de m'être comporté comme un idiot avec Anaïs et soulagement que les choses ne soient pas allées trop loin.

Après la douche, j'avais déjà meilleure mine et mon estomac se mit à crier famine. De retour là-haut, la table était mise et une bonne odeur flottait dans l'air. Anaïs s'était douchée et ses cheveux étaient encore humides. Elle me fit un clin d'œil en s'assoyant à la table.

– Alex, va chercher Daphné, me demanda mon père.

J'allai gratter doucement à sa porte et j'entendis aussitôt sa voix qui m'autorisait à entrer. Je me glissai à l'intérieur et refermai derrière moi. Les stores étaient baissés, mais le soleil laissait entrer ses rayons entre chacune des lattes, produisant un effet de rayures d'ombre et de lumière sur le lit où était étendue Daphné, à plat ventre, un livre ouvert devant elle.

– Le souper est prêt, annonçai-je, adossé à la porte.

– Pas faim, répondit-elle sans même se retourner.

Je gardai un moment le silence, puis :

– Tu devrais venir quand même, ça sent très bon, tu sais.

– J'ai pas faim, je t'ai dit.

Elle m'agaçait. Toujours renfrognée, toujours à se faire prier et à nous faire sentir de trop dans sa bulle !

– S'il te plaît…

Pas de réponse. Je savais pertinemment qu'elle ne lisait plus depuis que j'étais entré dans la chambre, mais, butée, elle continuait de fixer son livre. Je sortis, un peu fâché, refusant de m'abaisser à la supplier.

Mes parents échangèrent un regard lorsque je leur annonçai que Daphné ne se joindrait pas à nous.

– J'irai lui parler tout à l'heure, laissa tomber ma mère, songeuse, avant de commencer à nous servir.

On porta un toast en mon honneur et ensuite la conversation porta sur le bal de la veille. Je répondis aux questions de mes parents en tentant de rester le plus vague possible. J'évitais soigneusement de croiser le regard d'Anaïs, de peur de me trahir en rougissant ou en me mettant à bégayer. Elle, par contre, semblait tout à fait à l'aise d'en parler et ne me rendait vraiment pas la tâche facile. Je crois même qu'elle prenait un malin plaisir à m'écouter me débattre avec mes demi-mensonges.

– C'était vraiment beau ! s'extasiait-elle, tout sourire. J'ai vu des robes splendides ! Et puis Alex était craquant !

Évidemment, mes parents se renseignèrent sur l'après-bal.

– On a joué aux dés et aux cartes, débitai-je rapidement. C'était un beau chalet.

– Et si vous aviez vu le lac ! ajouta Anaïs. C'était à faire rêver. J'aurais passé des heures assise là-bas…

Je lui jetai un regard noir par-dessus le chandelier qui occupait le centre de la table.

– Moi, quand je serai grande, commença Flavie, j'aurai un amoureux et il m'emmènera au bord d'un lac et il m'embrassera.

Oh ! misère…

– Puis, on dansera, continua Charlie, et on aura des bébés.

Un grand éclat de rire s'éleva autour de la table et je remerciai intérieurement les jumelles d'avoir dévié l'attention sur elles. Je sentais qu'Anaïs aurait pu continuer à dire des âneries encore longtemps si on l'avait laissée faire.

Le souper se poursuivit et mon malaise se dissipa peu à peu. Il n'y avait plus rien à dire sur le bal et la conversation porta sur autre chose. Vers vingt et une heures, mon père déclara qu'il était temps pour les jumelles d'aller dormir. Elles protestèrent pour la forme, même si depuis un bout de temps déjà, elles avaient de la difficulté à rester éveillées.

Lorsqu'elles furent parties, ma mère se tourna vers moi.

– Maintenant, lança-t-elle, que comptes-tu faire cet été ?

J'avouai que je n'y avais pas vraiment réfléchi. Mon état m'empêcherait évidemment de faire bien des choses auxquelles je m'adonnais les étés précédents.

– J'ai eu une idée, poursuivit-elle. Normalement, nous t'aurions demandé de te trouver un travail, pour te faire un peu d'argent de poche avant de commencer le cégep, mais dans ta situation, ce n'est pas vraiment possible.

Les années précédentes, j'avais repeint des clôtures et tondu des pelouses dans le voisinage.

J'avais aussi distribué des journaux et des sacs publicitaires, mais je ne voyais pas cette fois-ci, quel travail je pourrais occuper avec une jambe dans le plâtre.

– Ton père et moi croyons que tu pourrais t'occuper des filles cet été.

Je poussai un soupir en me calant sur ma chaise. Évidemment, c'était logique. Avec moi à la maison, il n'y avait pas vraiment de raisons pour les envoyer à la garderie.

– J'imagine que j'ai pas vraiment le choix.

Ma mère sourit.

– À moins que tu trouves autre chose.

– Ce serait difficile.

Je ne pus faire autrement que d'accepter. Plus j'y réfléchissais, moins je trouvais l'idée mauvaise. J'aurais toutes mes soirées et mes fins de semaine libres et maintenant, les jumelles étaient assez grandes pour jouer toutes seules. Ça me laisserait du temps pour… pour quoi au juste ? À quoi allais-je occuper mon été ? J'allais devoir y réfléchir.

– Alors, c'est réglé ! se réjouit ma mère. Tu commences lundi !

Elle se leva et quitta la salle à manger pour se diriger vers la chambre de Daphné. Je me mis à débarrasser la table avec Anaïs.

– C'est bien, dit-elle en ouvrant le réfrigérateur pour y replacer le lait.

– Mouais…

– Tu vas pouvoir passer du temps avec elle.

– Quoi ?

Je la fixai, surpris, une pile d'assiettes sales en équilibre sur ma main ouverte.

– N'essaie pas de me cacher ça, Alex… Je vois très bien comment tu regardes Daphné, comment tu lui parles.

– Je ne sais pas si j'ai envie de discuter de ça avec toi.

– Pourquoi ?

Je détournai le regard.

– Je pourrais peut-être t'aider, proposa-t-elle.

– Non !

Elle sursauta.

– Non ! Te mêle surtout pas de ça.

Je l'imaginais déjà, se renseignant auprès de Daphné pour savoir ce qu'elle pensait de moi, nous organisant des rencontres « par hasard » et m'expliquant la manière dont je devrais me comporter.

– Je sais même pas ce que je ressens vraiment. Alors s'il te plaît, laisse-moi me débrouiller tout seul.

– J'aurais pu…

Je contournai la porte ouverte du lave-vaisselle et pris fermement Anaïs par les épaules.

– Ne fais rien, martelai-je pour bien me faire comprendre.

Je crois qu'elle sentit que j'étais sérieux. *Vraiment* sérieux.

– D'accord, grogna-t-elle finalement, d'une voix un peu déçue.

Le dimanche, Anaïs reçut un appel de sa mère, lui annonçant qu'elle commençait à travailler le surlendemain au bar laitier près de chez elle.

– Je suis allée rencontrer le propriétaire le mois dernier, expliqua-t-elle un peu surprise, mais comme je n'avais pas eu de nouvelles, j'avais un peu oublié ça.

Après un appel à la gare d'autobus, elle put réserver une place pour Rimouski en soirée. Elle serait de retour chez elle vers vingt-deux heures.

– Je pensais pas partir si vite, me confia mon amie, déçue. Ça fait à peine trois jours que je suis là.

Je partageais ses sentiments. Mais j'avais encore peur qu'elle ne puisse s'empêcher de tenter un rapprochement entre Daphné et moi. Son départ était donc aussi un soulagement.

Nous avions l'après-midi libre. Le soleil resplendissait et j'avais envie de prendre l'air. Je suggérai à Anaïs d'aller retrouver mes amis au parc. Je savais qu'ils allaient y passer la journée. On pourrait aller manger au casse-croûte et nous reviendrions ensuite chercher ses affaires pour aller la conduire au terminus d'autobus.

– Excellente idée ! s'écria-t-elle. Je vais faire mon sac.

Je m'apprêtais à aller l'attendre dehors, quand Daphné fit irruption dans la cuisine. Un énorme chien roux en laisse la suivait docilement.

– Qu'est-ce que…, commençais-je, surpris.

– Brique, je te présente Alex. Alex, voici Brique.

– Brique ! Mais d'où il sort celui-là ?

Elle me fit une grimace.

– J'ai pas attendu tranquillement que quelqu'un me trouve du travail, moi.

Je ne comprenais rien à ce qu'elle me racontait et je restai là, la bouche ouverte, pendant qu'elle s'engouffrait dans sa chambre avec son *Brique* sur les talons. Je l'entendis ouvrir des tiroirs et y fouiller pendant un moment, puis sans me regarder, elle repassa devant moi, ayant manifestement trouvé ce qu'elle était venue chercher. Lorsqu'elle ouvrit la porte pour sortir, j'entendis des jappements aigus provenant de la cour. Il y avait certainement un autre chien dehors, ces aboiements ne pouvaient pas être ceux du molosse roux. Je sortis derrière Daphné et tombai nez à nez avec trois autres chiens, attachés à des poutres qui soutenaient l'abri des voitures.

– À qui appartiennent ces chiens ? demandai-je, ahuri.

– Lui, répondit Daphné en pointant Brique, c'est celui de Mme Dubois de la rue des Lilas. Ensuite, tu vois Mr. Jones, le noir, qui appartient à M. Ledoux de la rue Sainte-Famille. Puis, Violette, c'est le caniche royal de M. Chang, le propriétaire du dépanneur et la petite, là, c'est Choupette.

Daphné pointa un minuscule chihuahua aux yeux proéminents.

– Elle appartient à Mme Paolini, de la maison d'en face.

Bien sûr, je le reconnaissais. C'est le chien qui jappait comme un hystérique quand je roulais avec ma planche dans la rue.

– Woooooo… fis-je, impressionné, regardant chacun des chiens l'un après l'autre. Et tu les promènes ?

– Oui, répondit-elle d'une voix lasse, je les amène au parc, je leur lance des jouets stupides pour les faire courir.

– C'est cool.

– Ouais, c'est pas mal, fit-elle, un sourire en coin, l'air fière de son coup. Faut juste que je surveille Brique et que je l'empêche de dévorer Choupette.

Au même moment, Anaïs se pointa à la porte et se mit à pousser de petits cris en apercevant les chiens. Elle courut de l'un à l'autre en les caressant frénétiquement et en leur parlant comme s'ils étaient des attardés mentaux. Daphné avait levé les yeux au ciel en secouant la tête et j'eus moi-même un mouvement d'impatience.

– Bon, ça va, Anaïs. Est-ce qu'on peut partir maintenant?

Daphné me regarda un instant et je sentis un mince lien, une complicité entre nous, qui excluait complètement Anaïs. Je l'entendais presque me dire: « Oui, je sais, moi aussi ça m'énerve... »

Je lui souris. Elle empoigna les quatre laisses et descendit l'allée jusqu'à la rue.

Au parc, quelqu'un avait apporté une chaîne stéréo et la musique hurlait dans les haut-parleurs. Les gars étaient en pleine forme. Ils volaient littéralement sur la piste et je ne pouvais m'enlever ce sourire niais du visage. Je fis de grands signes à mes amis qui me répondirent en souriant et en nous criant des grossièretés.

– Aucune classe, dit Anaïs, qui avait l'air de les trouver quand même très drôles.

– Ouais, c'est parfois gênant.

Je les regardai encore évoluer avec envie. J'aurais voulu pouvoir les rejoindre et m'élancer sur ma planche, moi aussi.

– J'espère que ton été se passera bien, me dit mon amie.

– J'espère seulement que je mourrai pas d'ennui.

– Tu me téléphoneras ?

– Oui.

– Pour me raconter…

Je me tournai vers elle. Elle avait un sourire espiègle.

– Tu sais, me raconter comment ça se passe… s'il y a des… développements.

Je levai la main pour qu'elle arrête.

– Si tu veux des détails croustillants, ne compte pas là-dessus. Non mais, les filles, vous êtes toutes pareilles !

Elle passa un bras autour de ma taille en riant.

– Quand tu seras avec elle, tu penseras encore un peu à moi ?

– Meuh oui…

Je la renversai sur le banc où nous étions assis, la tins fermement par les épaules et me penchai sur elle pour lui lécher les oreilles. Elle se mit à hurler de rire et à se débattre, alors que les gars, plus loin sur la piste me sifflaient des encouragements.

Mais bien sûr que j'allais penser à elle ! Enfin… un peu.

Chapitre XI

LE 1er JUILLET, le mercure grimpa jusqu'à 28 degrés. C'était le coup d'envoi d'un été qui s'annonçait très chaud et très humide. Les météorologues, quelques semaines auparavant, avaient prévu du temps pluvieux et frais pour tout l'été et maintenant, on se moquait d'eux dans les conversations.

J'adore la chaleur. Quand l'été arrive, je me roulerais en boule au soleil comme un chat et je serais parfaitement heureux. Mais ce premier juillet, ainsi que tous les autres jours de l'été, je maudis chaque minute cette chaleur que le plâtre à ma jambe rendait insupportable. Je sentais des gouttes de sueur couler sur ma peau et je n'osais pas imaginer la mauvaise odeur qui était emprisonnée là-dedans. Il me venait parfois des envies urgentes d'arracher le plâtre et de le lancer à bout de bras, tant la sensation d'étouffement et de moiteur était intolérable.

Je ne pouvais évidemment pas me baigner et devoir surveiller mes sœurs qui pataugeaient dans l'eau ne faisait qu'augmenter mon supplice. Les étés précédents, j'avais pris l'habitude de faire mes cinquante longueurs chaque jour et cet exercice me manquait énormément.

– Alex, regarde ! me criaient les jumelles du centre de la piscine, tandis que je rôtissais au soleil, allongé sur une chaise longue.

Toutes les deux ou trois minutes, elles avaient une nouvelle acrobatie extraordinaire à me montrer. Je devais alors *ab-so-lu-ment* fermer mon livre, abandonner Frodon à son triste sort et contempler ce qui se résumait la plupart du temps à quelques éclaboussures.

Nos journées étaient assez bien remplies. Ma mère m'avait demandé de planifier un emploi du temps pour chaque semaine. J'avais trouvé sa requête un peu exagérée, mais je m'y étais quand même plié, ce qui m'avait obligé à user de mon imagination. En fouillant sur le site Internet de la ville, j'avais trouvé un tas d'activités et des lieux intéressants à voir.

C'est ainsi que le premier lundi des vacances, Mimi la Souris nous raconta une histoire de princesse à la bibliothèque municipale ; le mardi, les filles s'amusèrent avec des jets d'eau dans un parc ; le mercredi, je les emmenai à une exposition de Jean-Paul Lemieux, qu'elles trouvèrent très ennuyante et le jeudi, 1er juillet, je leur montrai à faire ricocher des galets sur les eaux du fleuve. Ce jour-là, Daphné nous accompagna avec sa meute et ce fut, malgré la chaleur écrasante, la plus belle journée de la semaine.

Les jumelles marchaient devant, tenant chacune un chien en laisse. Flavie avait parlementé pour s'occuper de Brique, mais Daphné s'y était opposée, à mon grand soulagement. S'il l'avait voulu, le molosse l'aurait très certainement entraînée sur l'asphalte jusqu'à l'épuisement, soit pendant trois ou quatre heures. Flavie avait donc hérité de Choupette le chihuahua et sa sœur tenait au bout de sa laisse Mr. Jones, un minuscule terrier écossais.

Daphné suivait à mes côtés, avec Violette et Brique qui menaçaient constamment de me renverser en venant s'empêtrer dans mes béquilles. Je portais le sac à dos contenant notre dîner et bien que nous n'ayons à marcher que quelques minutes, mon t-shirt était déjà trempé de sueur.

– Est-ce qu'on arrive bientôôôôôt ? demanda Charlie en se retournant pour la troisième fois.

– Oui, répondis-je, haletant. Mais si tu le demandes encore une fois, c'est toi, plutôt que les cailloux, que je vais lancer dans le fleuve en arrivant !

Elle me fit une grimace et se mit à courir pour rejoindre sa sœur.

– Tu te débrouilles plutôt bien, me dit Daphné, moqueuse.

– Quoi ? T'en doutais ?

Elle tira sur la laisse de Brique qui s'était mis à japper contre un écureuil.

– C'est juste que je connais pas beaucoup de gars de dix-sept ans qui auraient accepté de garder leurs petites sœurs. Et pendant tout un été en plus !

– Peut-être. Mais tu sais, c'est pas si terrible. Sauf évidemment quand je dois jouer à la poupée avec elles.

Elle éclata de rire.

– Tu vois, c'est exactement ce que je disais ! Pas un gars, à ma connaissance, n'aurait accepté de faire *ça* !

Je me demandai tout à coup si elle n'était pas en train de se moquer de moi et je la regardai de biais. Je constatai qu'elle était simplement surprise et, semblait-il, contente de l'être. Je ne l'avais encore jamais vue si... joyeuse ? Heureuse ? C'était difficile à dire, mais c'était vraiment bon de l'entendre rire comme ça. Et tant pis si elle riait de moi !

La marche jusqu'au fleuve me parut interminable. En quittant la rue, nous avions une pente de gravier à descendre, puis un escalier qui longeait la falaise, pour finalement atteindre les berges. Une fois arrivés, je m'écroulai, les bras en croix, essoufflé comme si j'avais couru des kilomètres.

– C'est pas la grande forme ! se moqua Daphné.

Le soleil m'aveuglait et je fermai un œil en m'apprêtant à répliquer. Mais déjà, elle s'éloignait pour aller courir avec les chiens qu'elle venait de libérer. Je m'assis tant bien que mal après quelques minutes de répit, en maudissant les trois mois que je venais de passer pratiquement immobilisé et qui m'avaient fait perdre la forme. Auparavant, cette petite marche tranquille aurait difficilement fait augmenter mon rythme cardiaque, mais aujourd'hui, j'avais l'impression que mon cœur allait exploser !

– Alex ! Viens nous montrer comment faire richoquer !

– *Ri-co-cher.*

– Ouais... bon. Tu te lèves maintenant ?

Avec un grognement sourd, je réussis à me remettre sur pied et m'approchai de l'eau, à la recherche de galets à la forme parfaite.

– Bon, les filles, j'ai besoin de cailloux plats, d'à peu près cette taille.

Je fis un cercle à l'aide de mon pouce et de mon index.

– À vos ordres, chef !

Elles s'élancèrent, le regard rivé sur le sol, concentrées comme si toute leur vie dépendait de cette récolte de galets.

Le ciel était sans nuage et le soleil qui tapait fort, se reflétait sur l'eau. Heureusement, un léger vent provenant du fleuve rendait l'air respirable. En regardant autour, je remarquai quelques tables à pique-nique désertes. De discrets panneaux informaient les promeneurs sur les différentes plantes répertoriées sur le site et, un peu plus loin, on voyait un robinet d'eau potable. Je me dirigeai dans cette direction, tout en songeant que cet endroit était vraiment idéal pour passer une journée chaude et humide comme aujourd'hui. Il y avait de l'ombre et de l'eau. C'était calme et peu achalandé. J'avais apporté une couverture et je comptais bien m'allonger sous un arbre pendant l'après-midi.

Les jumelles me rejoignirent au robinet, les poches remplies de cailloux, dont la moitié ne convenaient pas pour faire des ricochets. Je pris un air supérieur et m'approchai de l'eau, un galet à la main.

– Bon, laissez l'expert vous montrer.

Daphné revenait vers nous avec les chiens qui couraient à ses côtés, la langue pendante. Je parlai fort :

– Il faut choisir un galet plat, rond et parfaitement poli. Le plan de lancement doit être presque horizontal et proche de la surface de l'eau. Pour que la pierre rebondisse, la main doit lui imprimer un mouvement de rotation d'axe vertical. Toutefois, le nombre de ricochets dépend essentiellement de la vitesse initiale du galet et de sa fréquence de rotation.

Mon savant discours terminé, les filles me regardèrent avec une expression de totale incompréhension peinte sur le visage. Je restai toutefois très sérieux et lançai mon galet de toutes mes forces en tentant de respecter la théorie que je venais d'exposer. Ma déconfiture fut totale lorsqu'il coula à pic, sans aucun ricochet, en faisant un « plouc ! » ridicule et retentissant. Évidemment, les trois filles éclatèrent de rire et même les chiens se mirent de la partie en sautant dans l'eau pour tenter de récupérer mon pauvre caillou.

– Tu croyais nous impressionner avec *ça* ? demanda Flavie en se tapant sur les cuisses.

Elle choisit à son tour un galet, le lança de toutes ses forces et réussit, à ma grande honte, à lui faire effectuer trois bonds à la surface de l'eau.

Les chiens qui venaient à peine de quitter l'eau, s'y précipitèrent à nouveau.

Nous passâmes l'heure suivante à tenter d'améliorer notre score personnel, ce qui évidemment, ne fut pas vraiment difficile pour moi. Mais quatre ricochets furent le maximum que j'obtins. Daphné, elle, se révéla fort habile et nous impressionna avec huit rebonds.

– J'ai souvent habité au bord de l'eau, expliqua-t-elle vaguement, comme pour s'excuser.

Le fait que j'aie *toujours* habité au bord du fleuve moi-même n'avait en aucun cas aidé à ma propre virtuosité, mais je gardai sagement cette réflexion pour moi.

À chaque pierre lancée, les quatre chiens sautaient à l'eau pour l'attraper. À trois reprises, Daphné dut aller repêcher Choupette qui, voulant suivre les autres beaucoup plus gros qu'elle, s'était presque noyée sous leurs pattes.

À la fin, nous étions tous les quatre trempés jusqu'à l'os puisque les chiens, lorsqu'ils ressortaient de l'eau entre chaque lancer, s'ébrouaient joyeusement, projetant sur nous quantité de gouttelettes. Vers midi, je déclarai qu'il était temps d'arrêter avant que l'un de nous ne s'inflige une tendinite et aussi parce que mon estomac se plaignait depuis un moment. On installa la couverture par terre, à la demande des jumelles, qui refusaient de manger à une table de pique-nique. Je dus me plier à leur volonté et m'asseoir avec elles puisqu'elles gardaient jalousement le sac du lunch.

– Merci beaucoup, les filles, ironisai-je. Je me sens tout à fait bien ici, avec ma jambe qui refuse de plier et toutes ces roches qui me font des bleus sur les fesses.

Elles sourcillèrent à peine et mordirent dans leur sandwich au jambon, innocentes.

– Arrête de râler, me dit Daphné. Il fait beau, on est bien ici, qu'est-ce que tu veux de plus ?

– Un climatiseur !

Maintenant que nous avions quitté la rive, la brise se faisait moins sentir et la chaleur nous accablait. J'avais l'impression que ma jambe bouillait à l'intérieur du plâtre et je n'aurais pas été surpris d'apercevoir de la vapeur s'en échapper.

– Pauvre chou, ironisa Daphné en prenant un air exagérément maternel.

Je lui lançai une croûte de pain au visage qu'elle esquiva facilement en riant. Je me sentis un peu ridicule tout à coup et je cessai de me plaindre.

Quelques minutes suffirent aux jumelles pour engloutir leur sandwich et elles se levèrent pour retourner jouer.

– Tu veux qu'on déménage à l'ombre ? me demanda Daphné.

Je la fixai, surpris. Mon imagination me jouait-elle des tours ou bien elle me proposait vraiment de s'éloigner, seule avec moi ?

– Tu… tu veux qu'on aille s'installer plus loin… dans… sous les arbres ? bafouillai-je.

Elle me gratifia d'un formidable coup de poing à l'épaule en s'écriant :

– Hé ! Je te propose pas d'aller faire des choses immorales en cachette dans le sous-bois ! Juste d'aller à l'ombre ! C'est pas toi qui avais chaud tout à l'heure ?

– Oui… oui, euh… bien sûr !

Imbécile, pensais-je en ramassant rapidement les reliefs du repas. Je me relevai péniblement et Daphné secoua la couverture, tandis que je cherchais une zone ombragée qui me permettrait de garder un œil sur les jumelles.

– Là, proposai-je en pointant du doigt un gros érable qui répondait parfaitement aux exigences.

Je m'approchai de l'arbre et j'eus la vision furtive d'un autre érable, sous lequel je m'étais assis avec une fille, il n'y avait pas si longtemps et ce souvenir amplifia mon malaise. En fait, je sentais que cette fois j'aurais pu accepter les avances de *cette* fille-là sans me faire prier longtemps. Lorsque Daphné s'assit à moins d'un mètre de moi, je tentai de trouver quelque chose à dire pour éviter d'y penser.

– Tu as mentionné tout à l'heure que tu avais habité des endroits où il y avait de l'eau.

Elle mit un moment à répondre. Elle fixait Mr. Jones qui s'était couché, en adoration devant elle.

– Oui. Des lacs, des rivières. J'ai même habité à Matane, au bord du fleuve. En fait à cet endroit on parle plutôt de la mer.

– Wow !

Elle inclina la tête sur le côté.

– Je t'avoue que la vue magnifique ne m'intéressait pas vraiment à ce moment-là. J'avais bien d'autres préoccupations.

Je ne tentai pas de lui soutirer d'autres informations sur le sujet.

– Hamilton et London, en Ontario ; Rouyn-Noranda en Abitibi ; Montréal, Portneuf, Jonquière, Saint-Nicolas. Et d'autres petits villages dont je ne me souviens même pas du nom tellement nous n'y sommes pas restés longtemps.

– Pourquoi ces endroits-là en particulier ? Qu'est-ce qui vous amenait là ?

Elle eut un petit sourire triste.

– Ma mère a sûrement été l'une des plus grandes utilisatrices des sites de rencontres sur Internet. Le problème, c'est qu'elle s'imaginait chaque fois que le gars voulait faire sa vie avec elle quand en fait, tout ce qu'il voulait, c'était l'amener dans son lit.

Elle regarda au loin, vers le fleuve.

– Plusieurs étaient plus ou moins intéressés à avoir une enfant en prime. Ou trop intéressés, au contraire.

Sa dernière remarque me frappa comme un coup de poing au visage. J'étais figé.

On avait abusé d'elle. Je l'avais senti dès la première fois où nous nous étions rencontrés dans la chambre de l'hôpital. Je savais que son air de dure cachait une blessure profonde, bien plus terrible et ignoble que celle qu'elle avait au bras. J'étais désemparé devant cet aveu soudain, n'ayant aucune idée de ce que je devais dire.

Je me tournai finalement vers elle. Elle ne me regardait pas et semblait s'intéresser à la progression d'une chenille sur la queue de Mr. Jones. Toutefois, je sentais qu'elle retenait son souffle, attendant ma réaction.

– Je suis désolé, murmurai-je. Vraiment.

– Ça va.

Elle inspira profondément.

– Ça va mieux.

– Mieux ?

– J'ai été en colère pendant longtemps. Très en colère. Contre tout le monde : ma mère, Marthe et ces crétins qui m'ont fait ces choses.

– Je pense pas que je pourrais vivre avec ça.

Daphné remonta les genoux sous son menton et les enserra de ses bras. Elle avait, à ce moment, l'air vulnérable d'un petit enfant.

– Il le faut. Ou bien on se laisse mourir.

J'aurais voulu me rapprocher et la serrer dans mes bras. Lui communiquer par ce geste tout ce que je n'arrivais pas à lui dire. Que j'avais mal pour elle, que de la voir et de la sentir aussi seule me bouleversait complètement.

– Comment peux-tu être aussi forte ? Comment réussis-tu à surmonter tout ça ? demandai-je finalement.

Ma voix tremblait. Elle sourit et tourna la tête vers moi en la déposant sur la pointe que formaient ses genoux.

– Un jour, j'ai rencontré un grand gars dans un hôpital. Tu sais, le genre cool, bien éduqué, propre de sa personne.

Je souris à mon tour, malgré la boule qui s'était formée dans ma gorge.

– Ouais, je vois le genre. Monsieur Popularité, dis-je d'une voix un peu rauque.

– C'est exactement ça.

Elle redevint sérieuse tout à coup.

– Ce gars m'a redonné espoir, tu sais.

J'étendis le bras et posai pendant quelques secondes ma main sur son épaule, prenant conscience du même coup que c'était la première fois que je la touchais véritablement. Elle continuait de me regarder et il n'y avait aucune gêne dans ce regard, aucun malaise.

– Alex, est-ce que je t'ai déjà remercié pour ce que tu as fait ?

Sa voix était presque un murmure.

– Je sais pas, peut-être.

– T'aurais pu rien faire, rien t'y obligeait.

Elle fit un geste large du bras, pour désigner ce qui nous entourait : le parc, le fleuve, les jumelles qui couraient sur la grève.

– On est pas précisément du même univers, toi et moi.

– Qu'est-ce que ça change ?

Elle eut un sourire un peu triste.

– D'habitude, les gens plus… à l'aise n'ont pas envie de voir la misère et surtout pas de l'emmener chez eux !

Je haussai les épaules et elle poursuivit.

– Depuis que j'habite ici, je me sens bien. Je me sens comme chez moi. En fait, j'ai jamais véritablement eu de chez moi, mais vous… vous ressemblez vraiment à l'idée que je me faisais d'une famille.

Je gardai le silence un moment, ne sachant pas quoi lui répondre. En fait, je sentais que j'aurais eu des tonnes de choses à lui dire, mais c'était comme un tourbillon dans mon esprit. Un tourbillon de mots, d'émotions et d'idées que je n'arrivais pas à exprimer correctement.

– Je suis content, soufflai-je finalement, en regardant les jumelles revenir vers nous en courant.

Maintenant qu'elle m'avait laissé entrevoir cet aspect de son passé, je prenais conscience que je ne pouvais plus considérer Daphné comme n'importe quelle autre fille. Son corps et son âme avaient été bafoués par des hommes. Et j'étais un homme. Mes gestes, même empreints d'une réelle affection, pouvaient être mal interprétés et devenir lourds de conséquence.

Je devrais donc attendre qu'*elle* vienne à moi.

Chapitre XII

CHAQUE ÉTÉ, d'aussi loin que je me souvienne, nous allions passer une semaine dans un chalet au bord d'un lac avec tous les membres de la famille de mon père : cousins, cousines, oncles, tantes et grands-parents.

Le frère de mon père, l'oncle Fernand, faisait partie de la communauté religieuse qui possédait ce très grand chalet. Autrefois, bâtiment principal d'un camp de vacances pour jeunes garçons, le chalet était maintenant à la disposition des frères de la communauté qui pouvaient le réserver pour y recevoir leurs parents et amis. Il comportait quatre étages, dont deux formés de vingt-cinq chambres et de dortoirs. On y retrouvait également deux grands salons, une salle de jeu, une vaste cuisine et une salle à manger qui pouvait accueillir une centaine de personnes.

Le chalet faisait face à un lac magnifique autour duquel s'étaient construites une dizaine d'autres habitations. On pouvait y faire du canot, de la chaloupe, de la planche à voile et du pédalo, mais aucune embarcation à moteur n'y était permise. J'attendais toujours ces vacances avec impatience et mes années d'adolescence n'y changèrent rien. J'adorais y retrouver mes cousins et cousines. Nous passions la semaine à jouer dans l'eau, à faire des excursions en forêt, des parties de cache-cache à la nuit tombée, des pique-niques sur le quai flottant au milieu du lac et le soir, autour du feu, il y avait toujours quelqu'un avec une guitare ou un harmonica pour jouer quelques airs. J'étais d'ailleurs celui vers qui on se tournait lorsque venait le temps des chansons à répondre. J'avais rapporté de mes séjours en camps de vacances, un répertoire assez vaste et je ne me faisais pas prier pour y puiser allègrement.

Lorsque mon père nous annonça que nous nous rendrions au lac pendant la dernière semaine de juillet, je téléphonai tout de suite à mon cousin Pierrot. L'année précédente, il avait eu quelques problèmes à l'école et n'avait pu venir à la rencontre annuelle parce qu'il devait suivre des cours d'été. Pierrot et moi, nous nous entendions vraiment très bien. Nous étions nés à quelques jours d'intervalle.

– Alex ! Content de t'entendre ! s'écria-t-il à l'autre bout du fil. On m'a dit que t'avais failli y passer !

– Ouais, c'était pas très cool, mais je vais mieux maintenant.

– Excellent ! Alors on va pouvoir compter sur toi pour les chansons à répondre !

– Certain ! Du moment que tu me demandes pas de danser.

Il se mit à rire.

– Non, je vais laisser ça à Charles. Tu sais comment il aime attirer l'attention.

Charles était le frère de Pierrot, d'un an notre aîné. Il vivait en appartement (à la grande joie de Pierrot) et son unique intérêt dans la vie était le sport. Il ne se lassait pas de raconter ses exploits au hockey et de nous montrer sa musculature très développée en se pavanant le torse nu. Chaque été, depuis quatre ou cinq ans, il emmenait avec lui une fille différente qu'il s'empressait de présenter fièrement aux cousins en spécifiant, très peu subtilement, qu'elle lui appartenait.

– Je parie pour une rousse cette fois, lança Pierrot.

– Non, une brune cette année. Cinq dollars !

– Pari tenu !

Je mentionnai ensuite à Pierrot d'une voix détachée, que quelqu'un nous accompagnerait cet été.

– Ah ! oui ? Qui ?

– C'est une fille que nous gardons chez nous. Elle… elle avait besoin d'une famille d'accueil.

Il garda le silence quelques instants, puis demanda, soupçonneux :

– Pourquoi ai-je l'impression que c'est un peu plus qu' « une fille que vous gardez chez vous » ?

– Je comprends pas, répliquai-je, mal à l'aise.

C'était si évident ?

– Je sais pas, tu… ta voix a changé quand tu as parlé d'elle.

Je soupirai.

– C'est un peu compliqué, avouai-je.

C'était vrai. Depuis cette journée, où Daphné s'était confiée à moi, elle semblait m'éviter. Elle avait commencé à fréquenter d'autres jeunes et passait des journées entières en leur compagnie, à traîner au parc ou en ville. Je n'arrivais plus à créer ce lien entre nous et j'avais peur qu'elle regrette de s'être confiée à moi. Je me sentais rejeté et ça me faisait mal.

– On en reparlera dans deux semaines, suggérai-je à Pierrot.

– Ça va. À plus tard !

Le départ avait été fixé au 22 juillet. Le matin même, Marthe Gignac vint faire son tour pour souhaiter de bonnes vacances à Daphné. Elle nous annonça qu'elle partait elle-même en retraite fermée dans un monastère quelque part dans les montagnes, elle ne savait plus trop où.

– L'air pur des montagnes, le chant des oiseaux, rien de tel pour refaire le plein d'énergie !

Elle se lança dans une description étonnante de la couleur et la texture de son aura qui changeaient, au gré de son humeur et du lieu où elle se trouvait.

– Par exemple, quand je viens ici, elle est rose et toute légère. Tandis qu'au bureau (qui est rempli d'ondes négatives), elle est bleue, très foncée et lourde. Surtout près des oreilles.

C'était difficile de ne pas rire. J'aimais bien Marthe Gignac, mais elle vivait incontestablement sur une autre planète.

Lorsqu'elle fut partie, papa secoua pensivement la tête, puis nous demanda de grimper à bord de la voiture. Ma mère et les jumelles avaient déjà pris la route depuis une heure et c'est mon père qui nous conduisait jusqu'au chalet, Daphné, moi et... Mr. Jones. Daphné s'était mise d'accord avec les propriétaires des autres chiens pour prendre congé, mais M. Ledoux, qui quittait la ville pour plusieurs jours en voyage d'affaires, avait proposé à Daphné de prendre le petit terrier écossais avec elle. Mes parents avaient accepté, en lui précisant bien qu'elle était l'unique responsable du chien et qu'il n'était pas question qu'eux-mêmes s'en occupent.

L'idée d'aller au chalet pendant presque dix jours ne semblait pas plaire à Daphné. Elle n'avait pas mentionné qu'elle n'en avait pas envie, mais son attitude nous le laissait facilement deviner. J'avais tenté de lui transmettre mon enthousiasme en lui racontant des anecdotes des années passées, en lui décrivant le site et en lui parlant de mes cousins, mais rien n'avait semblé l'intéresser. Elle parla peu pendant le trajet. Elle avait le nez à la fenêtre d'un air songeur et les bras croisés.

Assis à l'arrière de la voiture, la jambe allongée sur la banquette, je somnolais depuis un moment quand la route devint très cahoteuse, ce qui me réveilla complètement.

– On arrive bientôt ! lança mon père, excité.

Nous suivions maintenant un chemin de terre qui longeait le lac. Je voyais entre les arbres, le ciel bleu qui se reflétait dans l'eau. C'était magnifique. Il y avait un couple de canards, peut-être le même que l'année précédente, qui pataugeait gaiement tout près du bord. J'aperçus le quai flottant, au centre du lac, d'où trois silhouettes s'amusaient à plonger.

Papa tourna dans l'allée qui menait au stationnement derrière la propriété. Déjà, une dizaine de voitures y étaient stationnées. Je reconnus la vieille Impala de mon oncle Fernand, ainsi que la Mustang de mon cousin Charles.

Mr. Jones se mit à battre vivement de la queue lorsqu'il comprit que nous étions arrivés à destination. Dès que la portière fut ouverte, il se précipita à l'extérieur pour d'abord soulager sa vessie – sur le pneu arrière de la voiture – et pour ensuite aller effectuer une reconnaissance du terrain. Il fila entre les arbres et se dirigea vers le bord du lac. Un instant plus tard, on entendit un cri provenant de cette direction.

– Le chien ! cria mon père en se mettant à courir.

Daphné le suivit, inquiète, pendant que je récupérais mes béquilles sur la banquette. Je m'élançai pour les rejoindre.

Ce que je vis en déboulant sur la plage provoqua en moi une formidable envie de rire. Mr. Jones, complètement trempé et dégoulinant, mais surtout, prodigieusement excité, courait sur la berge et zigzaguait entre les chaises longues et les serviettes de plage où étaient étendues mes tantes et mes cousines. Il distribuait joyeusement coups de queue et de langue mouillées en jappant avec entrain. Je vis Daphné s'approcher pour lui passer la laisse autour du cou, se confondant en excuses, avec un sourire crispé. Mon père, secoué par le rire lui aussi, alla la rejoindre et passa un bras autour de ses épaules.

– Voici Daphné. Elle habite chez nous un bout de temps. Lui, c'est Mr. Jones.

– Bonjour Daphné, lui répondirent gentiment mes tantes et mes cousines.

Je m'approchai.

– Alex ! minauda ma tante Jojo en se levant. Son énorme maillot fleuri lui donnait l'air d'un gros bouquet.

Elle se précipita sur moi pour m'embrasser et me serrer dans ses bras puissants. Elle sentait la crème solaire et l'alcool. Sa peau était moite. Pardessus son épaule je vis Daphné, un sourire en coin, qui observait la scène, heureuse de ne plus être le centre de l'attention.

– Salut Jojo, couinai-je d'une petite voix aiguë.

Elle s'écarta enfin et me tint par les épaules.

– Non mais, regardez-moi ce beau bonhomme ! Il doit en briser des cœurs ! Et ces cheveux longs, Alex, c'est très… sexy !

Elle se rapprocha et je crus un instant qu'elle voulait encore m'embrasser. Elle me demanda plutôt, sur le ton de la confidence, mais assez fort pour que tout le monde l'entende :

– As-tu une blonde ?

– Euh… non, ma tante.

Elle leva les bras au ciel en signe d'exaspération.

– Quoi ! Mais qu'est-ce que tu attends ?

Question pertinente, en effet. Mais qu'est-ce que j'attendais ?

Mon père nous signala à ce moment qu'il était temps de rentrer les bagages à l'intérieur et je réussis enfin à me libérer de l'emprise de tante Jojo. En retournant vers la voiture, j'entendis Daphné rigoler. Je lui lançai un regard noir.

– Attends un peu, ricanai-je. T'as pas encore rencontré mes oncles !

Son sourire disparut et elle sembla inquiète pendant un instant. Prenant conscience tout à coup de ce que pouvait signifier cette phrase pour elle, je m'empressai de la rassurer en lui racontant des anecdotes comiques mettant en scène quelques-uns de mes oncles.

Je me souvenais d'un été où l'oncle Richard, le père de Charles et Pierrot, s'était ridiculisé en entrant à quatre pattes dans la salle à manger bondée, complètement saoul. Une autre fois, mon oncle Fernand, habituellement très réservé, s'était mis à chanter des chansons grivoises autour du feu et tout le monde s'était demandé où il avait bien pu les apprendre, étant donné son passé de missionnaire en Afrique. J'avais une famille assez originale, tissée très serrée, où à peu près tout était permis à condition que ce soit fait dans le respect des autres.

Je montai avec Daphné au troisième étage où se trouvaient les dortoirs pour les enfants. Il y en avait un pour les filles et un pour les garçons. Dans chacun, se trouvaient une dizaine de lits superposés et des étagères de bois. Je suivis Daphné dans son dortoir et l'aidai à s'installer, même si nous savions tous les deux qu'elle n'avait besoin de personne. Je voulais avoir un aperçu de ce qu'elle pensait de l'endroit, si tout ça lui convenait finalement.

Lorsque je lui posai la question, elle haussa les épaules.

– Ça va, dit-elle. Je vais m'y faire. C'est juste un peu intimidant.

– Reste avec moi… je veux dire, au début… le temps de connaître tout le monde.

Elle me fixa un moment, sérieuse.

– Alex, je peux me débrouiller. C'est pas la première fois que je me retrouve parmi des inconnus et j'ai pas besoin d'un garde du corps.

Comme je ne bougeais pas, elle sourit et ajouta :

– Maintenant va t'installer, allez.

Elle me poussa doucement dans le dos et le contact de sa main, même à travers mon t-shirt, provoqua un agréable frisson qui remonta jusqu'à mon cou. Je battis en retraite, un peu penaud, vers mon dortoir à l'autre bout du corridor. Là, plusieurs lits étaient déjà choisis, mais il en restait heureusement un dans lequel je n'avais pas besoin de grimper. Je déposai simplement mon sac à dos dessus. L'installation serait pour plus tard. En regardant les autres lits, je reconnus le sac de couchage de Pierrot ainsi que celui de mon autre cousin, Mathieu avec qui je m'entendais aussi très bien. Je décidai d'aller à leur recherche.

Au salon, j'aperçus mon grand-père, assis près de la fenêtre sur une chaise berçante. Il se réveillait de sa sieste. Je m'approchai.

– Charles, vous êtes arrivés, s'étonna-t-il en m'apercevant.

Sa voix était un peu faible. Grand-père était atteint de la maladie d'Alzheimer et depuis quelque temps, il confondait les gens qu'il ne voyait pas souvent.

– Bonjour grand-père. Moi, c'est Alex, corrigeai-je en m'assoyant en face de lui.

– Mais bien sûr, murmura-t-il en m'observant avec attention.

Je voyais presque les rouages de son cerveau travailler. Il cherchait un indice qui aurait pu lui rafraîchir la mémoire. Ses yeux se posèrent alors sur ma jambe et un sourire vint effleurer ses lèvres.

– Oui… Alex. Tu… tu as eu un accident de…

– Planche à roulettes.

Je voyais qu'il m'avait reconnu et je l'observai quelques instants en silence pour laisser le temps aux souvenirs de refaire surface. Mon grand-père avait toujours pris soin de son apparence. Écossais d'origine, il affectionnait particulièrement les pantalons de laine foncée, même en été et les gilets, boutonnés par-dessus une chemise blanche. La plupart du temps, il portait une casquette en laine à carreaux, mais aujourd'hui, c'était le seul élément qui manquait à son habillement habituel. Ma grand-mère disait que lorsqu'elle l'avait vu la première fois, elle avait d'abord pensé qu'il faisait une blague.

– Il ressemblait à Sherlock Holmes ! Sans la cape, évidemment. Il avait même des favoris !

Elle s'était ensuite habituée à cet homme un peu vieux jeu et avait même fini par le trouver séduisant.

En ce moment, mon grand-père était tout sauf séduisant. Je l'avais vu à Noël pour la dernière fois et je trouvai qu'il avait vieilli d'au moins dix ans. Il avait perdu beaucoup de poids et son visage avait pris une teinte grise et fanée.

– Grand-père, je suis content que tu sois là.

Il sourit distraitement et détourna le regard vers la fenêtre, d'où on pouvait apercevoir la plage. Mes tantes et mes cousines, toujours exposées au soleil, bavardaient joyeusement avec Daphné qui, les ayant rejointes, offrait un contraste assez frappant, dans son t-shirt et son jean noirs.

– Qui sont toutes ces personnes? demanda mon grand-père, un peu inquiet.

Je sentais dans sa voix un désarroi et une incompréhension totale qui, à mon avis devaient être assez terrifiants. Je m'approchai de lui et l'aidai à identifier ses filles, belles-filles et petites-filles. À chaque prénom qu'il entendait, il fronçait les sourcils dans un effort pour donner un sens à ce que je disais. Il y parvint quand même assez bien, mais je ne pus m'empêcher de me demander pendant combien de temps encore ces noms allaient signifier quelque chose pour lui.

– Tu vois grand-père, celle qui est habillée en noir?

Il secoua la tête en chuchotant:

– Je n'arrive pas à la replacer celle-là:

– C'est mon amie, Daphné. Elle habite chez nous pour quelque temps.

– Elle est jolie.

Cette observation me fit sourire. Oui, elle était jolie, surtout lorsqu'elle riait comme maintenant.

Mes cousines Virginie et Sandrine, deux inséparables, semblaient l'avoir prise en affection et l'avaient entraînée au bord de l'eau pour se tremper les orteils. Elle avait roulé le bas de son jean pour ne pas le mouiller et je remarquai la pâleur de sa peau. Mes pensées s'égarèrent un instant dans un rêve éveillé où cette peau toute blanche s'offrait à mes doigts impatients et où le malaise et l'interdit qui nous tenaient éloignés l'un de l'autre avaient complètement disparu.

Un bruit me tira de mes pensées et je constatai avec amusement que mon grand-père s'était rendormi. Il ronflait légèrement, un sourire aux lèvres. Je me levai avec précaution et quittai la pièce.

Chapitre XIII

AU SOUPER, toute la famille se retrouva dans la salle à manger et je constatai à nouveau combien nous étions nombreux. Mon père avait trois sœurs et sept frères qui avaient presque tous eu au moins trois enfants. Nous étions donc une cinquantaine et trois longues tables étaient occupées uniquement par les enfants. J'aperçus mon grand-père, assis au bout d'une table, qui semblait se demander ce qu'il faisait au milieu de tous ces gens.

À tout moment, quelqu'un se levait pour porter un toast à toute la famille, à l'oncle Fernand qui nous avait cordialement invités, à la nourriture délicieuse, à la température clémente et il y en eut même un en l'honneur du huard qui allait chanter pour nous ce soir. Plus le souper avançait, plus les joues devenaient rouges et le bruit s'amplifiait. Des éclats de rire se faisaient entendre et il devenait difficile de tenir une conversation sans avoir à crier.

Daphné, assise en face de moi, semblait sur le point de mourir d'ennui. J'aurais aimé pouvoir bavarder avec elle, mais j'étais coincé entre mes cousins Pierrot et Mathieu qui se remémoraient joyeusement leurs mauvais coups des étés passés.

C'était devenu une tradition : pendant la première nuit au chalet, ils ne pouvaient s'empêcher de se lever vers une ou deux heures du matin pour subtiliser les brosses à dent de tout le monde, dévisser des poignées de porte ou retourner tous les meubles du salon à l'envers. J'avais moi-même déjà été victime de leurs mauvais coups en me réveillant un matin avec de la crème fouettée plein les cheveux. Tout le monde s'attendait plus ou moins à une récidive ce soir-là et les gars semblaient vouloir m'inclure dans leur scénario. Mais leurs plans ne m'intéressaient pas et je ne les écoutais que d'une oreille distraite.

Lorsque le dessert fut enfin englouti, Pierrot se leva et fit signe à tous les enfants et adolescents de le suivre à l'extérieur.

– Tu viens ? demandai-je à Daphné en me penchant au-dessus de la table. On va faire un feu près du lac.

Elle accepta avec soulagement, avala le reste de son verre de lait puis, réveillant Mr. Jones qui dormait à ses pieds, elle contourna la table pour me suivre à l'extérieur.

La soirée était magnifique. Le soleil venait à peine de se coucher derrière les montagnes et le ciel était encore rosé, parsemé de légers nuages translucides qui filtraient la lumière. Tout était calme, aucun souffle ne venait rider la surface de l'eau et le silence aurait été complet si ce n'est de Charles qui, comme toujours, parlait très fort.

– Ouais, j'ai été accepté en option sport ! Ben avec les notes que j'avais, aucun cégep pouvait me refuser !

Je vis Pierrot, qui préparait le feu, jeter des coups d'œil exaspérés à son frère. J'allai le rejoindre et m'accroupis à ses côtés, pendant que les autres s'installaient sur des bancs, sur des billots ou carrément sur le sol autour de nous. Charlie et Flavie avaient sorti leur attirail de coiffure et étaient ravies d'avoir autant de cobayes à leur disposition. Sandrine et Virginie s'empressèrent de faire une place à Daphné et Mr. Jones, qui put reprendre tranquillement sa sieste, posant son museau baveux sur les cuisses de mon amie.

Je me composai une mine défaite et je dis à Pierrot à voix basse :

– C'est dommage, je suis certain que c'est moi qui aurais gagné le pari.

Il se retourna et me lança un regard suspicieux.

– Quel pari ?

– Charles, dis-je en désignant son frère avec mon menton.

– Ah oui ? répliqua-t-il, soudain intéressé. Comment peux-tu dire que tu aurais gagné étant donné que Charles n'a pas emmené de fille avec lui cette année ?

– J'ai élaboré une théorie d'après mes observations des cinq dernières années, commençai-je sérieusement. On retrouve une certaine alternance dans le choix de ses blondes.

J'avais du mal à ne pas éclater de rire. Pierrot se rapprocha, l'air sceptique.

– Voyez-vous ça... Vas-y, je t'écoute.

Je me mis à nommer les filles en levant très scientifiquement un doigt de la main gauche pour chacune d'elles.

– 2004, Sophie : blonde. 2005, Alice : brune. 2006, Marguerite : blonde.

Il ouvrit les bras, en signe de protestation.

– Qu… quoi ? Marguerite n'était pas blonde ! Elle avait les cheveux châtains !

– Châtain… blond… c'est pareil ! Laisse-moi continuer, dis-je d'un ton impatient.

Il se tut et croisa les bras.

– 2007, Madeleine : brune. 2008, Olivia : blonde. On discerne clairement une alternance d'une année à l'autre, ce qui laisse sous-entendre que cette année ça aurait dû être une brune !

– Cette idée, tu l'as eue avant ou après t'être fracassé le crâne ?

– Tu me dois cinq dollars, annonçai-je fermement.

– Pfffff…

Il fouilla tout de même dans sa poche pour en retirer un billet qu'il fit claquer dans la main.

– Tu me revaudras ça, grogna-t-il.

– Quand tu veux ! fis-je avec un sourire innocent.

Le feu rougeoyait gaiement. Ma cousine Marie-Joëlle accordait sa guitare un peu plus loin et les plus jeunes se disputaient les quelques cahiers de chansons disponibles en tentant de faire un choix parmi la liste.

– Un peu d'ordre ! s'écria Pierrot en levant les bras, d'un geste impatient. Non, mais vous allez vous taire bande de babouins ! J'ai une annonce à faire !

Je sentais que Pierrot préparait un mauvais coup et que ça n'allait pas me plaire. Il pointa vers moi un index lourd de représailles et continua en souriant malicieusement :

– Alex, ici présent, sera l'animateur de ce soir ! Veuillez faire appel à lui pour toutes les requêtes, plaintes et/ou commentaires concernant ladite soirée ! Je me décharge de toute responsabilité pouvant découler de son manque de professionnalisme. Je lui laisse maintenant la parole.

Il me fit une révérence en reculant vers le banc où était installée Daphné.

– Je peux m'asseoir ? l'entendis-je lui demander, une pointe de satisfaction dans la voix.

Elle acquiesça puis me regarda avec un sourire en coin. Une fois assis, Pierrot porta deux doigts à sa bouche et se mit à siffler pour m'encourager à commencer. Puis, faisant mine de s'étirer, il passa un bras derrière Daphné en me gratifiant d'un clin d'œil. Je regrettais déjà d'avoir gagné ce stupide pari et je lui aurais volontiers rendu les cinq dollars enfouis au fond de ma poche pour pouvoir aller m'asseoir à sa place.

– Merci beaucoup, mon cher Pierrot, de me laisser l'insigne honneur de présider cette soirée, commençai-je d'une voix grinçante. Je débuterai donc sans plus attendre, par un numéro qui vous éblouira très certainement et qui démontrera une fois de plus mon immense talent.

Je fouillai dans ma poche et en sortis mon harmonica. En le portant à mes lèvres avec une lenteur délibérée, j'entrevis Pierrot qui arrondissait les yeux de surprise. Je lui souris, fier de mon coup, et commençai à jouer la très rythmée

Oh, Susanna. Tout le monde autour du feu se mit à taper des mains et des pieds joyeusement. Même mon très digne cousin Charles laissa échapper un « Hiiiii Haaaaa ! » à la fin du morceau.

J'enchaînai immédiatement avec *Blowin' in the wind*, un peu plus tranquille, pendant laquelle je vérifiai que tout se passait bien du côté de Daphné qui, heureusement, semblait apprécier la soirée. Elle observait le feu, plongée dans ses pensées. Je me sentais bien, tout à coup, apaisé par la musique, la chaleur du feu et l'obscurité de la nuit qui nous entourait.

Je terminai ma prestation avec une version toute personnelle de *La Danse à Saint-Dilon* dans un délire d'applaudissements et de cris sauvages, alimentés en grande partie par Pierrot qui était apparemment devenu complètement dément. Il s'agenouilla devant moi, puis se prosterna en signe d'admiration. Je le bousculai un peu avec le bout d'une de mes béquilles, pendant que Mr. Jones lui reniflait le derrière et que mes petites cousines se mettaient à hurler de rire.

Sans attendre que l'atmosphère se refroidisse, je fis un signe à Marie-Joëlle qui, tenant sa guitare au-dessus de sa tête, s'avança vers moi en contournant les cousins et les cousines agglutinés autour du feu.

– T'es prête à casser la baraque ? lui demandai-je lorsqu'elle m'eut rejoint.

Elle me répondit en lançant un premier accord endiablé qui allait donner le ton au reste de la soirée. Tout le répertoire des chansons de feux de camp y passa, ainsi que plusieurs morceaux populaires de chanteurs québécois. À certains moments, des cousins me demandèrent de diriger quelques chansons et je leur cédai ma place volontiers. Mais presque toute l'animation de la soirée me revint. Le bivouac continua longtemps et, autour de minuit, les plus jeunes quittèrent pour aller dormir.

Il ne resta ensuite que les dix plus vieux d'entre nous. Bien que Marie-Joëlle continuât de jouer quelques airs tranquilles, je pus abandonner le rôle vedette pour aller rejoindre Pierrot et Mathieu qui s'étaient assis à l'écart. Pierrot m'accueillit avec de grandes claques dans le dos.

– Tu t'en es bien sorti, dis donc !

– Faut dire que j'ai pas eu le choix.

Il éclata de rire, fier de lui.

– Tu l'avais bien mérité !

Je haussai les épaules et cherchai Daphné du regard. Elle s'était rapprochée du feu et, assise en tailleur sur le sol, elle regardait Marie-Joëlle jouer de la guitare.

– Tu sais qu'elle t'a pas quitté du regard, me chuchota malicieusement Pierrot à l'oreille. J'ai bien essayé d'attirer son attention en étant trèèèès gentil avec elle, mais rien à faire.

Je ne lui répondis pas, continuant d'observer pendant quelques instants encore la lueur du feu qui jouait sur le visage de Daphné. Il n'y avait plus de trace d'ecchymoses sur son visage depuis longtemps, mais je pouvais encore lire dans le gris de ses iris une souffrance et une colère latentes qui ne guériraient probablement jamais.

Qui étais-je pour vouloir pénétrer dans son monde ? Qu'est-ce que je pouvais lui apporter ? S'intéressait-elle seulement à moi ?

Comme si elle avait entendu ma question, elle se tourna lentement vers moi et ses yeux vinrent se river aux miens. Je sentis qu'une vive chaleur se répandait dans mon ventre, tandis que je soutenais son regard qui me fouillait et me mettait complètement à nu. J'eus l'impression qu'elle pouvait entendre et comprendre mes pensées les plus secrètes. Mon cœur battait furieusement dans ma poitrine et je me demandai un instant si j'étais vraiment le seul à l'entendre.

– Alex, tu écoutes ?

Une main sur mon épaule me ramena brusquement à la réalité. Je secouai la tête avant de reporter mon attention sur les deux poilus à ma droite.

– Qu'est-ce que tu en penses ?

– Hein ? Qu... quoi ? Qu'est-ce que je pense de quoi ?

Mon cousin Mathieu eut un geste d'impatience.

– Du plan ! Qu'est-ce que tu penses du plan ? J'ai comme l'impression que t'as pas écouté un traître mot de ce que je viens de dire. J'ai raison ?

– Bien sûr qu'il a rien écouté, expliqua calmement Pierrot en pointant le menton en direction de Daphné, qui regardait déjà ailleurs. Il y avait autre chose qui le préoccupait.

Mon silence ne fit que confirmer ses dires et Mathieu recommença sa tirade en s'adressant à moi comme à un petit enfant écervelé.

– Mission numéro un : capturer une dizaine de grenouilles ou de ouaouarons qu'on libère dans le dortoir des filles. Si on a de la chance, les gentilles petites bêtes vont les réveiller cette nuit et on va avoir droit à un bordel monstre !

Pierrot laissa échapper un gloussement ravi.

– Mission numéro deux, continua Mathieu en se frottant les mains par anticipation, emballer les gars.

– Quoi ?

Il ouvrit le sac à dos qui reposait à ses pieds et nous montra discrètement son contenu : cinq rouleaux géants de pellicule plastique.

– On les emballe, lâcha-t-il avec un sourire mauvais. On les immobilise solidement à leur couchette en passant la pellicule par-dessous le lit.

Je laissai entendre un sifflement d'incrédulité.

– Comment on va arriver à le faire sans les réveiller ?

Il pointa le menton vers Charles et nos autres cousins assis plus loin. Plusieurs bouteilles de bière étaient déjà ouvertes et d'autres attendaient dans une caisse, tout à côté.

– Dans une heure ou deux, ils vont être complètement pafs.

Je regardai Pierrot qui souriait tellement que ses dents luisaient dans la pénombre.

– Pourquoi j'ai l'impression qu'il y a une mission numéro trois encore plus débile que les autres ?

– Très perspicace, souligna lentement Mathieu. La mission numéro trois, c'est la meilleure…

Chapitre XIV

C'est un cri long et perçant, provenant du dortoir des filles, qui me réveilla le lendemain matin.

Suivi de plusieurs autres. Je me soulevai prudemment sur un coude pour vérifier si Pierrot dormait et je l'aperçus, couché sur le dos, un sourire victorieux sur le visage.

Tout se passa ensuite rapidement. L'un après l'autre, les occupants du chalet se réveillèrent et prirent conscience de la situation dans laquelle ils se trouvaient. Un chapelet de jurons se fit entendre dans la couchette au-dessus de la mienne, enrichissant du coup mon répertoire de gros mots en association avec certaines parties sensibles du corps humain. Plus loin au fond du dortoir, j'entendis quelqu'un se débattre et tenter désespérément de s'extirper de ce qui devait ressembler à un immense cocon. Puis, provenant de l'étage supérieur du chalet, la voix d'un adulte, probablement mon oncle Richard, s'éleva sans que je puisse réellement saisir le sens de ses paroles. Je pouvais deviner par contre, qu'il cherchait à comprendre pourquoi toutes ses affaires avaient disparu au cours de la nuit et comment diable il allait bien pouvoir descendre déjeuner, s'il n'avait plus un traître vêtement à se mettre sur le dos.

– Vous venez les gars ?

Mathieu passa devant mon lit en sifflant, les mains dans les poches de son jeans qu'il avait pris le temps d'enfiler. Je me redressai, puis balançai rapidement les jambes en dehors du lit, attrapai mes béquilles qui gisaient par terre et le suivis à l'extérieur du dortoir, vêtu seulement du bas de mon pyjama. Pierrot était sur mes talons.

– Qu'est-ce qu'on fait ? demandai-je, un peu inquiet.

Mathieu se retourna et me regarda avec une expression de totale innocence.

– Ben, on va déjeuner. T'as pas faim ?

La surprise me fit reculer d'un pas. Quoi ? Pas de fuite précipitée ? Pas de journée en exil de l'autre côté du lac ? Juste… déjeuner ?

Je pris alors conscience que cette partie du plan n'avait pas été abordée au cours de la longue nuit que nous avions passée à mettre en application les idées insensées de mon cousin. Pierrot ne semblait pas s'inquiéter de la suite des événements et il suivit docilement Mathieu, pendant que je tentais encore une fois de descendre les escaliers sans me casser la figure.

Lorsque j'atteignis enfin la cuisine, mes deux cousins se préparaient tranquillement des rôties en écoutant d'une oreille attentive ce qui se passait là-haut. Des pas précipités, des exclamations dégoûtées et des bruits de meubles déplacés se faisaient entendre à travers le plafond.

– Je crois que quelqu'un arrive, dit simplement Mathieu en étalant du beurre d'arachide sur sa tranche de pain.

J'étais terriblement nerveux, me demandant si nous n'étions pas allés un peu trop loin. Je battis en retraite vers le réfrigérateur dans lequel j'aurais voulu pouvoir me cacher jusqu'à ce que tout se tasse. Je risquai un œil vers la porte de la cuisine quand soudain, j'entendis une exclamation qui ressemblait à de la rage pure. Mon oncle Jean-Claude, le père de Mathieu, se tenait dans l'embrasure, les cheveux en bataille avec, pour toute protection, une serviette minuscule qu'il tenait devant lui, ne cachant que l'essentiel.

– Tiens, on avait oublié une serviette, constata simplement Mathieu en approchant son verre de lait de ses lèvres.

– *EST-CE QUE QUELQU'UN PEUT M'EXPLIQUER CE QUI SE PASSE ICI ?*

L'oncle Jean-Claude était rouge... non mauve de colère et les tendons de son cou saillaient dangereusement. Je perçus un mouvement à ma droite et, tournant la tête, je vis Pierrot, écroulé sur la table. Ses épaules tressautaient dans l'effort qu'il faisait pour ne pas éclater de rire. Mathieu essuya sa bouche avec le dos de sa main et s'approcha de son père avec un regard désolé.

– Papa... Papa... mais où est donc passé ton sens de l'humour ?

L'oncle Jean-Claude ouvrit des yeux immenses, ce qui me surprit beaucoup étant donné qu'ils étaient déjà passablement agrandis par la colère. Il ouvrit aussi la bouche, sur le point d'exploser de nouveau, puis la referma en laissant passer l'air d'un long soupir entre ses dents serrées.

– Où sont toutes nos affaires? demanda-t-il sur un ton qui ne laissait aucune place à l'humour.

Mathieu fit un geste vague en direction de la fenêtre qui donnait sur le lac et mon oncle ne put retenir un juron grossier en marchant vers elle.

Les bagages étaient tous là, bien en vue, sur le pont flottant amarré à une centaine de mètres de la rive, le narguant joyeusement. Je m'attendais à tout lorsqu'il se retourna vers nous. Une mégacrise, des hurlements, des menaces de déshéritement ou d'enfermement à vie dans une maison de correction, tout… sauf à voir un sourire sur son visage.

– Incroyable! s'écria mon oncle. Comment vous avez réussi à faire ça?

J'étais estomaqué. Regardant Pierrot s'étouffer avec sa dernière bouchée, je compris qu'il était aussi stupéfait que moi. Oncle Jean-Claude ouvrit grand les bras, laissant du coup tomber sa serviette.

– Dans mes bras mon fils!

Mathieu eut un mouvement de recul.

– Euh… p'pa, une autre fois OK?

Son père, nu comme un ver, se mit à rire avant de tourner les talons. Il se précipita vers les escaliers qu'il monta au pas de course. Là-haut, on l'entendit raconter notre coup pendable à mes oncles et à mes tantes qui lancèrent des cris de stupéfaction et coururent aux fenêtres pour vérifier ses dires.

Ce fut tout. Pas de punition, pas de menaces de représailles ni de malédiction sur nos têtes. J'étais soulagé, surpris aussi, mais surtout content d'avoir une famille si peu conventionnelle. Nous dûmes par contre passer la journée à replacer toutes les choses que nous avions subtilisées dans les chambres, replonger dans le lac les grenouilles que nous avions pêchées, puis récupérer la pellicule plastique encore enroulée autour des lits.

Oh ! bien sûr, Charles nous regarda d'un œil mauvais durant le reste de la semaine et je m'attendais à tout moment à trouver une couleuvre ou des araignées dans mon lit, mais rien de bien terrible ne se produisit.

Et nos exploits passèrent à l'histoire.

Tout se déroula ensuite plus calmement et comme je ne pouvais participer à la plupart des activités, je passai beaucoup de temps à lire et à jouer de l'harmonica. La veille du départ, je terminai enfin *Le Seigneur des Anneaux* et je me retrouvai sans lecture. Presque tout le monde se préparait à partir dans l'après-midi. Daphné allait faire en canot une petite expédition vers des cascades qui se trouvaient de l'autre côté du lac. Pierrot, Mathieu et d'autres cousins allaient faire du vélo de montagne et mes parents, mes sœurs et plusieurs de mes tantes et oncles étaient déjà partis faire le tour du lac à pied.

Après avoir fouillé le chalet à la recherche de revues, sans succès, j'allai sur la berge retrouver Daphné qui enfilait un gilet de sauvetage.

– T'aurais pas quelque chose à lire ? lui demandai-je avec espoir.

Je savais qu'elle lisait autant que moi et je l'avais vue, un bouquin à la main à quelques reprises depuis notre arrivée.

– Attends une minute, dit-elle avant de s'élancer vers le chalet.

– Daphné, où tu vas ? cria Charles, les deux pieds dans l'eau, tenant un canot par la pince. On est prêts à partir !

Elle lui fit un geste impatient sans répondre et continua sa course. Charles avait passé la semaine à lui tourner autour, ce qui m'avait passablement irrité. J'étais tout de même content de voir qu'elle ne semblait pas être intéressée et j'avais même eu parfois l'impression, à ma grande satisfaction, qu'il lui tapait sur les nerfs.

– Tiens.

Daphné était de retour et me tendait un vieux livre écorné, tellement usé qu'on devinait qu'il avait été lu des dizaines, peut-être même des centaines de fois.

Elle eut un petit rire gêné.

– Je pourrais en acheter un neuf, mais j'arrive pas à m'en défaire.

C'était *Le Grand Cerf-Volant*, un recueil de poésie de Gilles Vigneault. Je dus paraître un peu déçu.

– Lis-le, tu verras.

Je grimaçai, pas trop convaincu.

– T'as vraiment rien d'autre? De la poésie, c'est pas…

– Lis-le, répéta-t-elle avant de me tourner le dos pour aller rejoindre Charles.

– Passe un bel après-midi! me cria celui-ci, jubilant, faisant jouer ses gros biceps pour mettre le canot à l'eau.

Je me retins à grand-peine d'aller lui enfoncer la figure dans la vase. Je me contentai de les observer quitter doucement le rivage, en soupirant. Retournant sur la grande terrasse du chalet, je me trouvai une chaise longue et m'installai pour lire au soleil, les écouteurs de mon lecteur MP3 enfoncés dans les oreilles. Mes grands-parents étaient montés à l'étage faire la sieste. J'étais donc complètement seul avec Mr. Jones pour l'après-midi.

J'ouvris le livre et je constatai qu'il était plein de soulignements, d'astérisques, d'annotations et de petits dessins dans la marge. Je ne connaissais pas vraiment l'écriture de Daphné, mais j'eus peu de doutes sur l'auteur des annotations. Je me mis à lire. Je m'intéressais moins aux vers de Vigneault qu'aux commentaires griffonnés de mon amie. Il y avait un texte magnifique, *Le Réverbère*, dont Daphné avait entièrement couvert la page de dessins de végétaux qu'elle avait coloriés aux crayons de bois. Il n'y avait plus un seul centimètre carré de papier blanc et même au travers du texte, entre les mots, on pouvait voir des tiges qui serpentaient et s'agrippaient délicatement aux lettres pour former ce qui ressemblait à un merveilleux jardin. Au bas de cette page, elle avait dessiné le sous-sol de ce jardin avec de la terre noire, des petits cailloux, quelques bestioles qui se creusaient des galeries et tout en bas, bien enfouie dans l'humus, comme un bulbe qui n'aurait pas germé, il y avait une ampoule électrique sur laquelle était écrit en tout petit, le mot : *Espoir*.

Je me mis à lire attentivement le texte pour lequel Daphné avait consacré autant d'efforts. Il racontait l'histoire d'une petite fille qui s'amusait à semer des ampoules électriques dans son jardin et qui découvrait, quinze années plus tard, qu'un réverbère y avait été installé. C'était magnifique et si simple en même temps. Quelque chose me disait que ce texte avait plu à Daphné parce qu'elle se retrouvait dans ce personnage et qu'elle aussi, à sa manière, cherchait à faire pousser un peu d'espoir.

J'avais la merveilleuse impression d'entrer dans son univers et d'enfin pouvoir effleurer ce qu'elle était vraiment. C'était très intime. Je me sentais un peu voyeur, comme si je m'étais introduit en cachette dans sa chambre et que je me serais mis à fouiller dans ses tiroirs…

– Hé ! Alex !

Pierrot, couvert de boue, arrivait à vélo, un sourire rayonnant sur la figure. Mathieu et mes autres cousins Gaël, Jean-Sébastien et Lennox suivaient derrière, aussi sales que lui. Ils laissèrent tomber les vélos et sautèrent dans l'eau, sans prendre le temps de se déshabiller et en hurlant comme des bêtes enragées. Je m'approchai du bord de la terrasse et m'appuyai sur la rampe pour les regarder batifoler. Je pouvais aussi distinguer au loin sur le lac, quelques canots qui revenaient des cascades. Je me sentis déprimé tout à coup. C'était la dernière soirée que nous allions passer ensemble et j'aurais voulu rester plus longtemps.

Ma mère, qui venait d'arriver elle aussi, m'entraîna dans la cuisine avec deux de mes tantes, pour les aider à préparer des salades. Près de la fenêtre où je me trouvais, j'entendais le bruit des conversations à l'extérieur et je tentai d'en saisir des bribes tout en déchiquetant de la laitue. Mathieu racontait comment ils avaient découvert une sablière à quelques kilomètres et comment ils avaient passé deux heures à y faire des cabrioles avec les vélos. J'appris que Flavie avait trouvé un bébé mouffette au bord d'un sentier et que mon père avait dû menacer de la punir pour qu'elle accepte de laisser la bête dans la forêt. J'entendis mes cousines décrire avec ravissement les chutes d'eau et raconter comment elles avaient pu nager dans un bassin au fond duquel on pouvait apercevoir des poissons.

Mais même en portant bien attention et en tentant de trier et de scinder les différentes conversations entrelacées, je ne percevais rien qui pouvait ressembler de près ou de loin à la voix facilement reconnaissable de mon cousin Charles. Lorsque j'en eus enfin fini avec la laitue, j'empoignai mes béquilles et malgré les protestations de ma mère, retournai dehors au plus vite.

Du haut de la terrasse, j'avais une vue d'ensemble sur le groupe. Mon oncle Fernand avait sorti des rafraîchissements et chacun partageait ses impressions de la journée, en attendant le souper. Cherchant nerveusement pour tenter d'apercevoir des recoins qui auraient échappé à mon regard, je ne pus que constater l'absence de Charles et de Daphné. Il était dix-huit heures et tous les autres canots étaient de retour. Je ne comprenais pas pourquoi personne ne s'en était encore aperçu.

Je fis un signe à Pierrot qui vint me rejoindre sur la terrasse.

– Tiens, dit-il en me tendant une bouteille de bière. L'an prochain, jambe cassée ou pas, tu viens avec nous. C'était trop...

– Charles et Daphné ne sont pas revenus, l'interrompis-je.

– Hein... quoi ?

– Ils sont pas là.

Il se mit à regarder autour de nous.

– Le crétin, marmonna-t-il entre ses dents.

– Tu l'as dit. S'il lui touche, je lui arrache la tête.

– Et moi je pisse dans le trou que ça lui fera entre les épaules.

Sa remarque ne me fit même pas sourire.

– Qu'est-ce qu'on fait ? demandai-je, de plus en plus inquiet.

Il se passa une main nerveuse dans le cou.

– Je pense qu'on devrait attendre un peu avant d'alerter les autres. Tant que le soleil est pas couché...

L'idée de ne rien faire ne me plaisait pas, mais Pierrot avait raison : tant qu'il faisait encore jour, il était inutile de paniquer.

On nous appelait pour le souper alors je le suivis à l'intérieur à regret.

La salle à manger était pourvue d'immenses fenêtres qui donnaient sur le lac. Je choisis ma place pour pouvoir surveiller leur arrivée. Je n'avais pas faim et je me contentai de grignoter sans prendre part à aucune conversation.

Vers vingt heures, n'y tenant plus, j'échangeai un regard entendu avec Pierrot. Je me levai pour aller parler à mon père qui était assis à une autre table. Mais au moment où je me dirigeais vers lui, mon regard fut attiré par quelque chose sur l'eau. Je m'approchai de l'une des grandes baies vitrées avec empressement.

C'était un canot avec deux personnes à son bord. Je reconnus le t-shirt jaune vif que Charles portait fièrement un jour sur deux. Je pouvais aussi voir Daphné qui pagayait avec des gestes énergiques et nerveux. Le soulagement que je ressentis ne chassa pas pour autant ma colère qui se mit à grandir à mesure que le canot s'approchait.

Ils accostèrent. Daphné, ne s'inquiétant pas de mouiller son jeans, sauta à l'eau et marcha rapidement vers le chalet sans même enlever sa veste de sauvetage. Je sortis sur la terrasse au moment où elle arrivait en haut des escaliers. Elle passa à côté de moi, sans me regarder ni m'adresser la parole et entra dans le chalet.

Qu'est-ce que cet imbécile lui avait fait ? Je pris quelques instants pour me calmer en observant mon cousin. Il retournait le canot à l'envers sur la rive et je l'entendais maugréer des paroles incompréhensibles.

– Charles ! l'appelai-je en descendant l'escalier.

Il se retourna et je remarquai que son nez avait saigné. Des traces de sang maculaient ses narines et il y avait de grosses taches sombres sur son t-shirt.

– Qu'est-ce que t'as fait ?

Je tentais de garder une voix calme tout en marchant vers lui.

– Quoi ?

– Qu'est-ce que tu lui as fait ?

Une expression dédaigneuse se peignit sur son visage.

– Tu devrais plutôt me demander ce qu'*elle* m'a fait ! Elle est complètement malade cette fille !

Il pointa du doigt son nez.

– Un peu plus et elle me le cassait !

Je ne pus m'empêcher de ressentir une pointe de fierté en imaginant Daphné frappant Charles.

– Elle avait certainement une bonne raison de le faire.

Il haussa les épaules.

– Elle avait qu'à me le dire si elle voulait pas que je l'embrasse.

– Quoi !

Il sourit en se croisant les bras.

– Ça te dérange, Alex ? C'est quelque chose que t'as pas réussi à faire ?

Une rage incroyable s'abattit sur moi et pendant un instant, j'eus la tentation de me saisir de la pagaie qui gisait par terre pour l'en frapper violemment.

– Ne t'avise plus de la toucher ! hurlai-je en projetant le haut de mon corps vers l'avant.

– Hé ! du calme ! répliqua-t-il, sur la défensive.

Cela ne fit qu'attiser ma colère et je le poussai de toutes mes forces, les mains à plat sur sa poitrine. L'effet de surprise lui fit perdre l'équilibre et il tomba lourdement sur le sol, où il resta assis quelques secondes, sans bouger. Je respirais bruyamment, cherchant l'air qui se faisait rare tout à coup. L'infime partie de lucidité qui me restait m'ordonna de ne pas me jeter sur lui, mais plutôt de quitter les lieux.

– T'es aussi fou qu'elle, s'écria-t-il avec hargne pendant que je m'éloignais.

– ET TOI T'ES QU'UN CRÉTIN !

Je me précipitai vers la forêt en ne prêtant pas attention à la série d'insultes qu'il me cria. J'avais besoin de me calmer, de revenir sur terre. Je m'enfonçai entre les arbres sans trop regarder où j'allais. Des branches et des épines écorchaient mon visage et mes membres au passage. Je ressentais un urgent besoin de dépenser cette énergie négative qui s'était accumulée tout au long de la soirée. Mes béquilles s'empêtraient dans les racines et les branches tombées par terre et je manquai de m'affaler sur le sol à plusieurs reprises. Je me rendis compte que je tremblais. J'étais complètement vidé. Posant une main sur un tronc rugueux, je m'arrêtai et pris quelques instants pour souffler. Puis, m'adossant à l'arbre, je me laissai tomber mollement sur le sol en fermant les yeux.

Toute la peur, la violence et la colère qui m'avaient envahi me quittèrent soudain, ne laissant au fond de moi qu'une infinie tristesse et un désarroi difficilement supportable. Une seule pensée s'imposa alors à mon esprit : j'aimais Daphné.

Je le savais depuis un certain temps, mais j'avais tenté de repousser cette évidence. Je me rendais maintenant compte qu'il n'y avait plus aucune possibilité de me le cacher. Cette vérité m'éclatait à la figure ce soir, elle prenait toute la place et je ne savais pas trop ce que j'allais en faire.

Ce n'était plus uniquement une question de désir physique, même si juste à la regarder, Daphné faisait monter en moi des bouffées de chaleur incontrôlables. Non, c'était beaucoup plus que ça. Une envie permanente d'être avec elle, de lui parler, de la faire rire, de la protéger, mais surtout, de devenir son complice et de percer enfin cette carapace dont elle ne se défaisait que rarement.

Le temps passa et je restai là longtemps à réfléchir à cette idée. Je crois même que je m'assoupis pendant un instant. Je ne voulais parler à personne à mon retour et, surtout, je ne voulais pas croiser Charles. Je n'avais aucune idée de l'heure, mais après ce qui me parut un temps raisonnable, je me levai pour rentrer au chalet.

Chapitre XV

JE FUS SOULAGÉ de constater que toutes les lumières du chalet étaient éteintes. Je gravis les marches qui menaient à la terrasse en tentant de ne pas les faire craquer. Le silence n'était brisé que par le léger clapotis de l'eau qui s'agitait un peu plus bas.

Il y avait quelqu'un dans la pénombre, recroquevillé sur la chaise longue que j'avais occupée durant l'après-midi. C'était Daphné. Elle lisait, enroulée dans une couverture, éclairant son livre à l'aide d'une lampe de poche.

Je m'approchai doucement et m'assis sur le bout de sa chaise. Il y eut un très long moment, pendant lequel je m'interrogeai sur ce que j'allais dire… ou faire.

– Ça va ? chuchota-t-elle finalement.

Je tournai la tête vers elle. Elle avait éteint sa lampe de poche.

– Tu n'avais pas à faire ça tout à l'heure, continua-t-elle tout bas. Je sais me défendre.

Je crus la voir sourire.

– Je suis une grande fille, Alex. Tu sais, j'attache mes souliers toute seule…

– Je pouvais pas le laisser s'en tirer aussi facilement, fis-je d'une voix sourde en regardant de nouveau devant moi. J'étais furieux contre lui.

– Oui, c'est ce que j'ai cru comprendre.

– T'as entendu ce que je lui ai dit ?

– Tu parles ! Ils ont dû vous entendre jusque de l'autre côté du lac !

Ça m'était égal. Je n'en avais rien à faire des autres. Ce qui m'importait, c'était qu'*elle* comprenne ce que j'étais prêt à faire pour elle.

Je perçus un mouvement de son côté.

– Merci, Alex.

Elle s'était approchée sans que je m'en rende compte et je sentis sur ma joue la chaleur de son souffle. La surprise m'empêcha de bouger, mais je fermai les yeux au contact de ses lèvres sur ma peau. Ses cheveux me chatouillaient et je sentis courir un frisson à la base de mon cou. Cela ne dura qu'un instant. Un instant de pur bonheur qui me laissa un peu étourdi.

Elle s'éloigna à nouveau vers l'autre bout de la chaise et je me tournai entièrement vers elle, le cœur battant. Son visage était sérieux et elle semblait même un peu étonnée de ce qu'elle venait de faire.

– Je… je vais monter dormir maintenant, murmura-t-elle.

Ma main jaillit pour la retenir, mais déjà elle était debout.

– Daphné, attends.

– Je vais dormir, répéta-t-elle.

Nous étions de retour à la maison. Le voyage s'était fait silencieusement, chacun perdu dans ses pensées. J'avais quand même remarqué les regards que mon père me jetait dans le rétroviseur.

Dès notre arrivée, Daphné était partie rendre Mr. Jones à son propriétaire et je l'avais regardée descendre la rue, en souhaitant pouvoir rapidement me retrouver seul avec elle.

– Alex, viens, j'aimerais te parler, me dit mon père au moment où je m'apprêtais à descendre à ma chambre pour défaire mon sac.

Je le suivis docilement sur le patio derrière la maison en anticipant ce qui allait venir. Il se laissa tomber sur une chaise en m'indiquant par un geste la place en face de lui. En l'observant, je vis qu'il était nerveux, croisant et décroisant ses mains devant lui ou grattant une tache imaginaire du bout de son ongle sur la table.

– J'ai discuté avec ta mère hier soir, commença-t-il. En fait, nous n'avons pas beaucoup dormi.

Je passai une main sur mon visage. Je n'avais pas envie d'entendre ce qui allait suivre.

– Nous aurions dû voir ça venir, c'était assez prévisible, fit-il comme pour lui-même. Comment avons-nous pu…

Il se redressa.

– Quand nous avons accepté de prendre Daphné, c'était pour la protéger. On nous a montré son dossier et c'est pas joli. Elle a vécu beaucoup de choses difficiles.

– Je sais.

– Non Alex, tu ne peux pas savoir, c'est... Nous l'avons prise parce qu'elle était en danger ! Pas pour te faire plaisir et te permettre de te rapprocher d'elle !

– C'était pas du tout mon intention, soufflai-je en tentant de garder mon calme.

Il inspira profondément.

– Nous ne pouvons pas te laisser continuer comme ça.

– Quoi ?

Je sentis la colère monter en moi.

– Nous sommes responsables d'elle, continua-t-il. Nous devons en prendre soin parce qu'elle est fragile.

– Mais qu'est-ce qui vous fait croire que je pourrais lui faire du mal ?

J'avais presque crié, les mains appuyées sur les bras de la chaise, prêt à bondir.

– Tu ne le ferais pas intentionnellement, nous le savons, mais ça pourrait arriver.

– Ça n'arrivera pas.

Il secoua la tête de lassitude.

– Je suis désolé, vraiment. J'aime beaucoup Daphné, mais nous devrons demander qu'on lui trouve une autre famille si tu continues à...

J'étais debout, le visage en feu.

– C'est ça que tu appelles vouloir la protéger !

– Alex, calme-toi.

– Non, je ne me calmerai pas ! Pas tant que tu me raconteras tes conneries ! C'est ici qu'elle est en sécurité et tu me parles de la renvoyer avec les loups, simplement parce que je l'aime !

Mes paroles explosèrent dans l'air chaud de cette fin d'après-midi et je vis mon père reculer contre le dossier de sa chaise. La surprise était peinte sur ses traits. Nous restâmes quelques instants à nous regarder bêtement, moi tentant de reprendre mes esprits et lui, de retrouver la parole.

– Assieds-toi, dit-il finalement, au bout d'un moment.

J'obéis et, appuyant mes coudes sur la table, j'enfouis mon visage dans mes mains ouvertes.

Lorsqu'il parla, sa voix avait changé et n'avait plus cette intonation paternaliste et autoritaire qu'il avait utilisée depuis le début de notre conversation. J'y percevais maintenant de la douceur et quelque chose qui ressemblait beaucoup à de la tristesse.

– Je te connais bien, Alex. Je sais que tu es sincère et ça me touche beaucoup. J'imagine que tu es en train de devenir un adulte.

Il sembla un instant chercher les mots justes, puis repris lentement.

– Je ne peux pas approuver ce qui se passe entre vous deux. Je t'ai expliqué pourquoi. Par contre, tu as raison toi aussi et ce serait irresponsable de notre part de l'envoyer ailleurs. Elle a confiance en nous. Je suis coincé. Aide-moi, je ne sais pas quoi faire.

– Papa, si ça peut te rassurer, il s'est rien passé entre nous, avouai-je doucement. J'ai choisi de ne rien faire si elle ne vient pas à moi.

Il semblait à nouveau stupéfait de ce que je venais de lui confier et me fixait en frottant sa joue mal rasée de sa main ouverte.

– Bon, soupira-t-il après un temps qui me sembla interminable. Je suis fatigué. Va ranger tes affaires, on en reparlera plus tard.

Je descendis dans ma chambre en réfléchissant à la conversation que je venais d'avoir avec mon père. À quoi pouvais-je m'attendre maintenant? Qu'est-ce que mes parents allaient décider? Je ne pourrais jamais me le pardonner si, par ma faute, Daphné devait à nouveau aller vivre ailleurs.

Mon sac resta par terre, au milieu de ma chambre, sans que je l'ouvre. Je m'allongeai sur mon lit. Je n'avais pas beaucoup dormi moi non plus la nuit précédente, trop bouleversé par ce qui s'était passé sur la terrasse.

Quelques secondes suffirent pour que le sommeil me gagne.

C'est une main dans mes cheveux qui me réveilla après je ne sais combien de temps. J'ouvris les yeux, un peu surpris.

– Maman.

Elle se pencha pour m'embrasser sur le front.

– Alex.

Elle fit courir sa main encore dans mes cheveux, tout en réfléchissant, puis:

– J'ai parlé à ton père.

– Et?

– Tu sais que tu es quelqu'un de très bien?

Je fis semblant d'être vexé.

– Tu viens seulement de le remarquer?

Elle eut un petit sourire.

– Oh non, je le savais déjà. Nous pensons que nous pouvons te faire confiance. Que tu agiras de la meilleure façon.

Son ton se durcit légèrement.

– Mais attention, nous ne te donnons pas le feu vert pour…

Elle me fixa, puis continua en appuyant sur chacun des mots :

– Prends ton temps, Alex, je t'en prie. La dernière chose que je voudrais, serait que tu fasses du mal à Daphné parce que tu es trop pressé.

– J'ai dit à papa que j'attendrais que ça vienne d'elle.

– Oui, il m'en a parlé.

– Peut-être… peut-être qu'il se passera rien du tout.

Maman serra les lèvres comme si elle se retenait de dire quelque chose. Elle se leva et se dirigea vers la porte sans rien ajouter.

La routine avait repris sa place. Je m'occupais des jumelles et Daphné, de ses chiens. Je la voyais peu. Dès notre retour du chalet, elle avait retrouvé sa bande avec qui elle sortait le soir et les fins de semaine. Je ne les connaissais pas et n'avais pas envie de les connaître. Je n'arrivais pas à comprendre comment Daphné pouvait passer autant de temps en leur compagnie alors qu'elle m'avait confié ne pas les considérer comme de vrais amis. J'aurais voulu, moi, être avec elle, apprendre à mieux la connaître et poursuivre ce qui n'était encore qu'une ébauche. Je lui tendais des perches, l'invitant à rester à la maison pour écouter un film, retourner au bord du fleuve avec les chiens ou même aller faire un tour. Je l'invitai au cinéma, mais rien ne semblait l'intéresser et un jour, elle se fâcha contre moi.

– Alex, je pense pas avoir lu nulle part dans le contrat que je devrais participer à toutes tes activités culturelles! J'ai passé déjà beaucoup de temps avec vous, maintenant laisse-moi. Vis ta vie!

Ce fut comme un coup de poing en plein visage. Je restai là, la bouche ouverte à la fixer bêtement et sentis un vide immense se creuser à l'intérieur de moi. Elle me regarda, avec une minuscule étincelle de remords dans l'œil, puis elle se détourna et sortit de la pièce.

C'est pourquoi, lorsque Butch me demanda de venir assister avec lui à une compétition de planche à Montréal, j'acceptai immédiatement, soulagé de quitter la maison pendant deux jours. On devait m'enlever mon plâtre le vendredi et la compétition commençait le samedi. Je voyais dans ce voyage l'occasion de me changer les idées, de m'éloigner de Daphné pendant un temps et de faire le point sur ce que j'avais cru être le début d'une relation, mais qui m'apparaissait maintenant comme une illusion sortie tout droit de mon imagination.

Butch arriva le vendredi vers dix-huit heures dans une énorme Buick rouge 1975 décapotable. Elle devait avaler en une heure l'essence que la voiture de mon père consommait en une semaine!

– Cadeau du paternel pour avoir réussi à terminer mon secondaire! C'est moi qui l'ai choisie. Avoue qu'elle a d'la classe!

Ses parents divorcés, son père très riche, Butch obtenait à peu près tout ce qu'il désirait. Il était le seul de la bande à avoir son permis de conduire.

– T'aurais pu choisir quelque chose de moins gros, il me semble.

Il secoua sa tignasse et désigna les sièges en souriant.

– Pense à ça: les petites voitures ont une petite banquette arrière.

J'éclatai de rire.

– Je vois. Et tu l'as fait essayer à Fanny, la banquette arrière de ta grosse voiture?

– Pas eu le temps. Elle m'a laissé pour un joueur de hockey qui a de gros muscles.

– Désolé.

Il passa un bras autour de mes épaules.

– Alex, mon gars, c'est pour ça que toi pis moi, on va passer une fin d'semaine qu'on est pas près d'oublier!

Ça m'allait parfaitement. C'était exactement ce qu'il me fallait. Il ouvrit le toit et je balançai mon sac à dos sur la banquette arrière en question, puis Butch fit gronder le moteur de sa Buick avant de sortir de la cour. Comme nous nous engagions dans la rue, je vis Daphné qui arrivait, les mains dans les poches de son jeans avec le pas traînant de quelqu'un qui n'est pas pressé de rentrer. Butch ralentit à sa hauteur et elle nous aperçut.

– Salut ! lançai-je.

– Oh ! salut... vous partez ?

– Ouais ! répondit Butch enthousiaste, tandis que Daphné gardait son regard rivé sur moi. On s'en va faire tout plein de rencontres intéressantes ! Hein Alex ?

Elle n'eut pas de réaction.

– C'est bien, commenta-t-elle d'un air distant. C'est... oui, c'est très bien.

Butch, impatient, fit à nouveau rugir son moteur avant d'embrayer et de décoller dans un crissement de pneus.

– Dis donc, cria-t-il plus tard pour couvrir le bruit, y'aurait pas quelque chose entre vous deux ?

Je mis quelques secondes à lui répondre.

– C'est ce que je croyais. Mais elle m'a fait comprendre que c'était pas le cas.

– Taboire, mon gars, c'te fille-là est vraaaaaaiment bizarre !

Je détournai le regard vers les champs qui défilaient le long de la route.

Depuis que je connaissais Daphné, je me sentais ballotté, comme une épave qui avance vers le rivage, pour être ensuite rejetée vers le large. Un jour elle se confiait et le lendemain, elle me repoussait. Ensuite elle m'avouait que je lui donnais espoir, pour presque aussitôt me demander de la laisser tranquille.

Mais malgré tout, même après m'être fait chasser aussi peu délicatement quelques jours auparavant, son seul regard de tout à l'heure, me faisait espérer que, peut-être, tout n'était pas perdu.

Nous n'avions roulé qu'une heure et déjà Butch devait s'arrêter pour faire le plein. Il choisit le plus minable et le plus crasseux des garages.

– Les garages qui offrent le service sont de plus en plus rares, mon gars, m'expliqua-t-il d'une voix de connaisseur, comme s'il conduisait depuis plusieurs années. Faut les encourager.

Nous entrâmes pour nous acheter quelque chose à la distributrice, pendant qu'un garçon, qui n'avait certainement pas plus de huit ans, faisait le plein. Le petit espace crasseux sentait l'essence et le désodorisant bon marché. Un homme dont la combinaison bleue était couverte d'huile, se tenait sur un tabouret derrière la caisse et regardait le téléviseur qui était accroché au-dessus de la porte par où nous venions d'entrer.

– Où sont les toilettes ? demanda Butch.

L'homme but une gorgée de son Pepsi, lâcha un énorme rot, puis désigna une porte maculée d'empreintes de doigts sales, sur laquelle avait été accroché un calendrier *Playboy* avec une fille nue aux seins disproportionnés. Butch tourna la poignée de la porte et passa la tête à l'intérieur.

– Taboire, Alex, dit-il d'une voix dégoûtée, si je sors pas vivant d'ici, tu diras à mes parents que je les aime et quand mon frère sera assez vieux, tu lui montreras où je cache mes revues pornos, d'accord ? Ça sera son héritage.

L'homme au Pepsi éclata d'un rire gras.

– T'inquiète pas, Butch, tu vas t'en sortir. Je t'attends dehors.

Devant le garage, une autre voiture venait d'arriver et deux gars, un peu plus vieux que nous, en descendirent. Le visage de l'un d'eux me rappelait vaguement quelqu'un et je me mis à les observer discrètement pendant qu'ils dépliaient une carte sur le capot de leur voiture de location. Ils parlaient un étrange anglais, généreusement parsemé de gros mots, mais qui ne ressemblait en rien à l'anglais américain. Lorsqu'ils entrèrent pour demander une information, je vis Butch les croiser dans l'encadrement de la porte et venir vers moi, avec une expression de stupéfaction imprimée sur le visage.

– Alex, dis-moi que je rêve pas et que j'viens vraiment de croiser dans c'te trou à rats le grand Chet Rutheford.

Je souris en me rendant compte qu'il avait raison, que ce type que j'avais plus ou moins reconnu était en fait un Australien, champion mondial de planche et qu'il se rendait probablement au même endroit que nous.

– Qu'est-ce qu'on fait ? me demanda Butch, excité comme un petit chien à qui on aurait montré une balle toute neuve.

– Ben, je sais pas… On pourrait aller leur parler. Ils ont l'air perdus.

Il hocha frénétiquement la tête et je me demandai pendant un instant si quelqu'un ne s'était pas déjà brisé une ou plusieurs vertèbres cervicales de cette manière.

– Calme-toi Butch, c'est juste…

La porte venait de s'ouvrir et les deux types en sortirent. D'après leur expression, ils n'étaient pas mieux renseignés qu'avant d'entrer et semblaient bien embêtés. Butch s'avança d'un pas, rouge comme un homard cuit.

– *Hey, are you looking for something** ?

Ils le regardèrent et sourirent, soulagés, s'avançant vers lui. C'était difficile, à cause de l'accent, de suivre leur conversation. De plus ils parlaient vite, mais je finis par comprendre qu'ils allaient effectivement à la compétition et qu'ils s'étaient égarés. Butch leur expliqua, tout en tentant de garder son calme, comment rejoindre l'autoroute. Puis, quand il leur dit que nous pratiquions le même sport qu'eux, Chet voulu voir nos planches. Évidemment, je n'avais pas la mienne, mais Butch courut ouvrir le coffre de son énorme voiture pour en sortir la sienne, que Chet se mit à observer attentivement.

– *That's a good one, I can see.***

En fait, Butch était toujours celui de la bande qui avait la meilleure planche puisque son père, voulant se faire pardonner ses absences prolongées et son manque d'intérêt pour tout ce qui concernait son fils, le gavait d'objets coûteux, souvent inutiles. Mais dans ce cas-ci, j'aurais vendu l'une de mes sœurs pour avoir une planche comme ça.

Chet sortit un feutre, qu'il devait avoir en permanence dans sa poche et signa sous la

---

* « Hé, vous cherchez quelque chose ? »

** « Je vois que c'en est une bonne. »

planche. Je crus que Butch allait s'évanouir lorsqu'il la reprit. Mais ce fut encore pire lorsque, avant de repartir, les gars nous invitèrent à les rejoindre à Montréal, à l'hôtel où ils logeaient.

Chapitre XVI

La compétition battait son plein et j'en avais des crampes au visage à force de sourire. Ils étaient tous là, les meilleurs, à nous montrer leur immense talent ! C'était certainement ce que j'avais vu de plus prodigieux dans toute ma vie ! Ce Chet Rutheford avait des ailes à sa planche, effectuait absolument toutes ses figures à la perfection. Je n'osais pas cligner des yeux, de peur de manquer quelque chose.

Il y eut une pause pour le dîner et la piste fut mise à la disponibilité des spectateurs.

– Ça t'dérange si j'y vais ? me demanda Butch qui avait passé l'avant-midi sur le bout des fesses, mourant d'envie d'aller essayer sa planche, nouvellement autographiée.

– Vas-y, je vais nous acheter quelque chose à manger.

Je dus descendre les gradins lentement à cause de ma jambe qui avait perdu beaucoup de sa flexibilité pendant ces mois d'immobilité. Mais ce n'était pas l'unique raison de ma lenteur. La veille au soir, Chet nous attendait dans son immense suite avec autre chose que du thé à nous offrir. J'avais encore la tête qui tournait un peu.

La soirée avait été assez étrange. Il nous avait présentés à au moins une dizaine de planchistes célèbres, ceux qu'on voyait souvent sur Internet ou dans les revues spécialisées. On avait passé la soirée à boire et à discuter avec eux, comme si on les avait toujours connus. À un certain moment – je ne sais pas quelle heure il pouvait être –, un groupe de filles était arrivé et je m'étais vite retrouvé sur le balcon, à lécher les amygdales de l'une d'entre elles. Je ne savais même pas son nom. Tout ce dont je me rappelais, c'était de m'être réveillé au matin sur le divan, les jambes emmêlées dans celles de cette fille. J'étais encore tout habillé, ce qui laissait sous-entendre que je m'étais endormi avant la grande scène finale, ce qui, ma foi, était assez honteux.

En détaillant les corps endormis qui traînaient autour, j'avais reconnu Butch, roulé en boule sur le tapis dans un coin de la pièce, ronflant comme une baleine. J'étais allé le réveiller et nous étions partis sur la pointe des pieds.

La journée passa rapidement à regarder les compétitions qui devenaient de plus en plus intéressantes. J'emmagasinais des images et des trucs pour pouvoir les reproduire aussitôt que j'aurais retrouvé la forme. Butch était survolté et hurlait des encouragements aux planchistes que nous connaissions maintenant.

– *VAS-Y FRANK ! ENLÈVE-TOI LES DOIGTS DU NEZ ! C'EST ÇA ! LÂCHE PAS !*

– Tu veux un mégaphone, Butch ? Peut-être qu'ils t'entendent pas bien…

– Ben voyons, Alex, ils ont besoin de nos encouragements !

– Ils sont champions du monde ! Ils gagnent leur vie à faire ça. Désolé de te décevoir, mais je pense pas que ça change quelque chose.

– T'es tellement plate, mon gars.

Je désignai Dean, l'autre Australien que nous avions rencontré avec Chet à la station-service. Il venait d'effectuer un saut ahurissant appelé le *Front side heelflip varial gaytwist*.

– Regarde ça ! Analyse. Enregistre, dis-je. C'est pour ça qu'on est ici ! Ces gars-là sont des dieux, on doit s'inspirer d'eux, pas leur crier des niaiseries.

– Bla bla bla… (Il bondit sur ses pieds) *T'ES UN GÉNIE, DEAN !!!*

Et c'était reparti…

Des filles, plus bas, nous observaient et gloussaient dès que Butch se mettait à crier. Je fis tourner mon index contre ma tempe en désignant mon ami et elles éclatèrent de rire.

Vers la fin de la journée, Chet vint nous voir.

– *Where've you been, boys ? We were lookin' for ya* !*

Butch lui expliqua que nous ne voulions pas les réveiller ce matin et que nous étions allés déjeuner ailleurs.

– *So, are you two comin' back t'night** ?*

– *Ooooh yeah ! And tonight is the night*** !* s'écria Butch en effectuant une série de gestes à

---

* « Où étiez-vous, les gars ? On vous cherchait ! »

** « Revenez-vous ce soir ? »

*** « Ooooooh oui ! Parce que ce soir, c'est *le* soir ! »

l'aide de ses mains et ses hanches qui laissaient peu de doutes sur la manière dont il comptait occuper sa soirée.

C'était donc réglé, nous avions à nouveau un toit pour dormir. Au départ, nous devions nous rendre chez un cousin de Butch qui habitait à l'autre bout de la ville, mais le choix n'avait pas été difficile à faire la veille, quand le grand Chet Rutheford nous avait offert l'hospitalité.

– *Excellent ! So now, I'm gonna leave ya for a lil' while, lambs. This damn 900°'s waitin' for me**.

Butch, la mâchoire tombante, regarda Chet se diriger vers les rampes, sa planche négligemment posée sur l'épaule. Le 900° était le saut du plus haut niveau de difficulté et on pouvait compter sur les doigts d'une seule main les planchistes qui l'avaient réussi, ne serait-ce qu'une fois.

– Naaaan, c'est pas vrai, il va pas…

– Sors ton *cell.* Butch, faut surtout pas manquer ça !

Quand ce fut son tour, Chet envoya la main à la foule du haut de la rampe, complètement décontracté, l'air de quelqu'un qui s'en va faire son épicerie, puis il s'élança. Nous retenions tous notre souffle.

Il fit deux allers-retours sur la rampe en demi-lune, se propulsant de plus en plus haut, puis au cinquième élan, il s'envola littéralement, faisant tourner son corps sur lui-même parallèlement au sol, accroupi sur sa planche qu'il tenait d'une

* « Excellent ! Maintenant, je dois vous laisser un moment, mes agneaux. Y'a ce sacré 900° qui m'attend. »

main, avec l'autre au-dessus de sa tête. Effectuant plus de deux tours complets de cette manière, il sembla suspendu dans les airs, pendant ce qui me parut plusieurs secondes. La gravité le ramenant inévitablement vers le bas, Chet accomplit un atterrissage parfait, les roues de sa planche se posant dans un petit bruit sec. L'Australien sourit à nouveau, comme s'il n'avait effectué qu'un vulgaire saut de débutant.

La foule explosa en cris, en sifflements et en applaudissements. Butch, debout sur le banc et les bras levés au ciel, hurlait à s'en rompre les cordes vocales, tout en effectuant une danse primitive qui aurait certainement fait rougir de honte ses pauvres parents. On porta Chet en triomphe jusqu'au podium où des centaines de fans déchaînés le prirent en photo. Nous savions qu'ils allaient le retenir en otage pendant des heures, c'est pourquoi nous quittâmes le site sans l'attendre, le sourire aux lèvres.

Ce soir-là, le dernier que nous passions à Montréal, Chet commanda de la pizza et de la bière pour tout le monde. Nous étions au moins vingt-cinq éparpillés un peu partout dans la suite, à fêter sa victoire. Son 900° l'avait promu au rang de champion, mais les 10 000 dollars qu'il remportait avec ce titre avaient attiré de parfaits inconnus qui se déclaraient tout à coup ses meilleurs amis.

Je me sentais un peu mal à l'aise de profiter de sa popularité, mais Chet nous fit remarquer à Butch et à moi qu'il nous avait invités bien avant d'avoir gagné ce concours.

– *So enjoy y'self boys. And by the way, have you noticed those cuty ladies there in the kitchen? They'd cert'nly be pleased to join for the night*.*

Je jetai un coup d'œil vers la cuisinette où je reconnus les filles qui avaient passé la journée dans les estrades, à quelques mètres de nous.

– *I thougt they were here for you**!* s'écria Butch, soudainement alerte.

Chet renversa la tête vers l'arrière et se mit à rire.

– *Didn't ya guys hear what they've said all day long***?*

Il prit une voix haut perchée et se mit à faire de petits gestes efféminés avec ses mains

– « *These guys are freakin' hot! They rock! They're soooooo cute****!* »

Butch bomba le torse et passa une main nonchalante dans ses cheveux, les ébouriffant juste assez pour se composer un air négligé.

– Je vais passer mon tour, dis-je d'une voix neutre. Pas ce soir.

Chet me jeta un regard interrogatif. Butch se mit à ricaner.

– *The poor lad's in loooove!* Il est en amoooour!

---

* « Amusez-vous, les gars. En passant, avez-vous remarqué les filles qui sont dans la cuisine? Elles seraient certainement contentes de se joindre à vous pour la soirée. »

** « Je pensais qu'elles étaient là pour toi! »

*** « N'avez-vous rien entendu de ce qu'elles ont dit pendant toute la journée? »

**** « *Ces gars-là sont tellement beaux!* »

Je me tournai vers lui et le frappai de toutes mes forces à l'épaule avec les jointures de mon poing droit.

– Ta gueule, Butch !

Je demandai à Chet pourquoi lui-même ne profitait pas de la présence de ces « *lil'ladies* » pour s'offrir quelques heures de bon temps.

– *T's not my cup o'tea* *, dit-il distraitement en se levant.

Il marcha en direction de Dean et, arrivé à sa hauteur, lui posa une main au bas du dos en lui chuchotant quelque chose à l'oreille. Dean se mit à rire en se tournant vers Chet et je perçus quelque chose, un courant qui passait, dans le regard qu'ils échangèrent. Pour la deuxième fois ce jour-là, Butch resta sans voix en regardant les deux planchistes.

– Taboire, balbutia-t-il. Ils sont gais !

Je me mis à rire.

– Oui, c'est assez... assez surprenant !

– J'y crois pas, pleurnicha-t-il. Les deux meilleurs planchistes au monde sont gais ! J'aurais jamais deviné !

– Voyons Butch, tu pensais quand même pas que les homosexuels se promenaient en robes à paillettes et portaient des faux cils en permanence !

– Non, je sais, s'écria-t-il. Mais... j'me suis assis à côté d'eux ! J'les ai même touchés !

– Arrête, Butch, t'es ridicule.

Il fut sur ses pieds en un instant et tourna le dos à Chet et à Dean.

---

* « Ça ne m'intéresse pas. »

– Mon gars, t'as ben raison. J'ai des plans pour la soirée, ça fait que reste là si tu veux, mais moi j'ai des filles à aller contenter.

– Quoi… toutes ?

Je me penchai un peu pour mieux voir dans la cuisine.

– Y'en a cinq !

Il me fit un sourire complice.

– Euh… une. Certainement. Peut-être deux, on sait jamais !

Il marcha vers la cuisine, de cette démarche assurée et un peu arrogante que je l'avais si souvent vu emprunter en présence de Fanny. Je secouai la tête en riant, puis, empoignant mon sac à dos, je sortis à l'extérieur, par la porte patio. Il faisait encore chaud, malgré l'heure tardive, et je considérai la possibilité d'y passer la nuit. Je n'avais pas envie de voir ni d'entendre ce qui allait se passer à l'intérieur et l'option balcon me convenait parfaitement.

C'était un espace immense, qui occupait tout l'angle au coin de l'immeuble. Je m'éloignai de la porte et de l'endroit où les fumeurs sortaient à intervalles réguliers et rejoignis la deuxième partie du L, plus en retrait. Tout au bout, il y avait ce qui ressemblait presque à un salon, avec divans, tables basses et chaises berçantes. Je m'installai confortablement dans un fauteuil de rotin en forme de coquille, qui était pourvu d'un coussin bien moelleux. Je fouillai dans mon sac pour en sortir le livre de Daphné, que j'avais gardé.

Je l'ouvris et me replongeai avec délectation dans son monde. Je relus avec attention les vers de Gilles Vigneault, surtout parce que je savais qu'elle les aimait beaucoup, mais aussi parce que je commençais à réellement les apprécier.

Le temps passa rapidement et au moment où je regardais ma montre pour me rendre compte avec stupéfaction qu'il était deux heures du matin, j'entendis la porte s'ouvrir et des bruits de pas qui venaient dans ma direction. Une fille apparut. Elle s'accouda à la balustrade et alluma une cigarette. Je l'observai quelques instants, mais comme elle ne semblait pas m'avoir vu, je continuai à lire, en tentant de me faire le plus discret possible. Je n'avais pas envie de parler, surtout que je commençais à m'endormir un peu. J'espérais qu'elle retourne rapidement à l'intérieur.

– Elle est toujours chez toi ?

Je sursautai et levai les yeux de mon livre. La fille ne me regardait toujours pas et semblait absorbée par la contemplation de l'immeuble d'en face.

– Quoi ?

– Daphné, elle vit toujours chez toi ?

Elle se tourna pour me regarder et je reconnus avec stupéfaction l'une des deux filles que nous avions hébergées au mois de mai, le soir où Daphné avait emménagé. C'était celle qui avait gardé le silence pendant tout le temps qu'elle avait passé chez nous.

– Hé ! Tu es…

Je ne me souvenais plus de son nom. Charlotte ? Jasmine ? Naomie ?

– Béatrice.

Je lui souris.

– Oui ! Salut Béatrice. Qu'est-ce que tu fais ici ?

Elle tira une longue bouffée de sa cigarette, puis fit un geste en direction de la porte.

– J'étais avec les autres et j'avais pas vraiment envie de participer à la beuverie.

Elle jeta un coup d'œil à l'intérieur.

– Ton copain, Butch, il est assez effrayant.

– Effrayant ?

– Oui, il a « Je veux baiser » d'écrit sur le front. Un peu plus et ça clignoterait comme un néon.

Je me mis à rire.

– Je sais, la subtilité, c'est pas sa plus grande qualité.

Elle s'approcha d'un fauteuil et s'y laissa tomber en soupirant.

– Je t'ai reconnu tout à l'heure. J'ai eu envie d'avoir de ses nouvelles. Savoir si elle s'en sortait mieux que moi, finalement.

Elle avait dit ça d'un ton détaché, tout en faisant des ronds de fumée, mais je sentais qu'elle attendait réellement une réponse de ma part.

– Oui, elle est toujours chez nous et elle va bien… je pense.

– Tu penses ?

Je réfléchis pendant un instant.

– Certains jours, j'ai l'impression qu'elle en veut au monde entier.

Elle ne répondit pas. Elle avait rejeté sa tête en arrière et regardait le ciel. Je ne sais pas ce qu'elle regardait en fait, parce que avec les lumières de Montréal, il était impossible de distinguer ne serait-ce qu'une seule étoile.

– À d'autres moments, repris-je, on réussit à être vraiment sur la même longueur d'ondes tous les deux et je la sens plus joyeuse… ou plus optimiste… ou…

– Confiante, dit Béatrice.

– Oui, c'est ça, confiante.

Elle avait terminé sa cigarette. Elle l'écrasa sous la semelle de l'une de ses bottes militaires et la poussa jusqu'au bord du balcon pour qu'elle tombe dans le vide. Je ne pus m'empêcher de penser au pauvre type qui allait peut-être la recevoir sur la tête, cinq étages plus bas.

– Elle t'a donné son livre, c'est un bon signe.

Je baissai les yeux vers mes mains qui tenaient encore *Le Grand Cerf-Volant*.

– Comment sais-tu que c'est à elle ?

– Elle me l'a montré une fois, juste avant qu'on nous sorte de cet endroit. Je l'ai vue faire quelques dessins.

– Oui, c'est magnifique.

– Elle m'a dit que c'était un peu comme son journal intime.

Je tendis l'oreille, soudain intéressé.

– Que chaque fois qu'elle vivait un événement marquant, bon ou mauvais, elle allait dessiner dedans.

– C'est vrai ? Je ne m'en étais pas rendu compte. Je pensais que les dessins avaient plutôt un lien avec les textes.

– C'est là que ça devient génial, s'anima Béatrice. Elle a réussi à trouver un texte qui correspondait chaque fois à ce qu'elle vivait.

Je me mis à feuilleter le livre en le redécouvrant, sous un nouvel angle. Sur une page, elle n'avait utilisé que du noir et du rouge pour tracer ses dessins. Sa journée avait dû être mauvaise, très mauvaise. Elle avait griffonné dans la marge des mots difficiles à déchiffrer : *Sale. Nuit. Noire. La peur. Les cauchemars.*

Sur d'autres pages : la mer, des oiseaux, des visages parfois souriants, parfois tristes. Elle avait même dessiné ses propres yeux.

– T'as trouvé ta page ?

Je ne comprenais pas sa question.

– Ma page ?

Elle sourit et tendit la main en bougeant les doigts, réclamant le livre. Je le lui donnai avec regret. Elle le feuilleta quelques instants, puis, s'arrêtant à une page que je ne pouvais pas voir, elle dit, un peu surprise :

– Oh ! c'est plus sérieux que je croyais. Quand elle me l'a montré, elle venait juste de commencer.

Elle me remit le livre ouvert. C'était la page du *Réverbère.*

– Oui, je l'ai vue. Mais je vois pas le rapport avec m...

J'eus un hoquet de surprise. J'avais vraiment été aveugle. Complètement aveugle.

Formées de racines, de tiges et de feuilles vert tendre, délicatement enroulées autour des mots de Vigneault, on pouvait très bien voir, en plein milieu de la page, les quatre lettres de mon prénom.

Il devait être vingt et une heures lorsque Butch me déposa chez moi le dimanche soir. Il y avait une voiture que je ne reconnaissais pas dans l'allée.

– À plus tard, Butch. On s'appelle ?

– Ouais. J'pense ben que j'vais rester couché pendant cinq jours.

Butch n'avait pas dormi la nuit précédente et il avait passé le trajet Montréal-Québec à me raconter ses exploits nocturnes. Je ne m'étais pas vraiment reposé moi non plus. Béatrice était restée avec moi jusqu'au lever du soleil et ensuite, l'excitation de revenir à la maison et de revoir Daphné m'avait plongé dans un sommeil agité. Je m'étais réveillé vers onze heures, trempé de sueur avec les muscles du cou raides et coincés.

– Salut tout le monde !

Lorsque j'entrai dans la maison, je sentis tout de suite que quelque chose n'allait pas. Mes parents étaient assis à la table avec Marthe Gignac. Daphné était là, mais ne semblait pas participer à la conversation. Elle avait appuyé son front sur ses genoux qu'elle avait remontés devant elle. Quand elle m'entendit entrer, elle releva brusquement la tête et nos regards se croisèrent.

– Qu'est-ce qui se passe ? demandai-je, alarmé.

La question s'adressait à Daphné, mais ce fut mon père qui me répondit. Je sentis que mes jambes allaient se dérober.

– C'est la mère de Daphné. Elle veut la reprendre avec elle.

Chapitre XVII

J'ÉTAIS SIMPLEMENT RESSORTI, j'avais refermé la porte derrière moi, contourné la maison et marché vers la piscine. Après avoir enlevé mon t-shirt et mes chaussures, je m'étais laissé glisser dans l'eau fraîche, en gardant mon jeans coupé à la hauteur des genoux.

Nager.

Avec la main, pousser l'eau qu'on va chercher loin devant.

Un temps, deux temps, trois temps, respirer.

Bien coller les doigts ensemble. Allonger la tête, droit devant.

Un temps, deux temps, trois temps, respirer.

Battre des jambes, les chevilles détendues en faisant attention de bien les maintenir sous la surface de l'eau.

Un temps, deux temps, trois temps, respirer.

Plonger et culbuter. Placer les pieds bien à plat sur la paroi verticale de la piscine et pousser pour repartir rapidement dans l'autre sens.

Un temps, deux temps, trois temps, respirer.

Repousser la colère. Ne pas penser.

Se propulser vers l'avant, se concentrer.

Respirer.

Se concentrer… rester concentré.
Respire…, respirer…

Je n'avais aucune idée du temps j'avais nagé. Mais lorsque je me propulsai à l'extérieur de l'eau, à l'aide de mes bras, pour m'asseoir au bord de la piscine, je les sentis trembler sous l'effort. Ma respiration était rapide et mon cœur battait la chamade. Je restai là, à reprendre lentement le contrôle de mon souffle tout en regardant mes pieds qui trempaient dans l'eau.

– Hé.

Une voix faible, presque un chuchotement. Je tournai la tête. Daphné était assise sur une marche de l'escalier qui menait au patio, à quelques mètres de moi, habillée d'un pyjama pâle trop grand pour elle, dont les manches lui cachaient les mains. Depuis combien de temps était-elle là ?

– Hé, répondis-je sur le même ton.

Je ne voyais pas ses yeux, il faisait plutôt noir, mais je savais qu'elle me regardait, comme moi je la regardais. J'entendais le léger *ploc* des gouttes qui tombaient de mes cheveux et qui allaient s'écraser sur les dalles de ciment. J'entendais ma respiration. Un bruit provenant de la haie. Une voiture dans la rue, laissant échapper un *poum-ti-poum-ti-poum* assourdi. À moins que ce ne soit mon cœur…

Après un long moment à nous dévisager, elle me fit un signe de la main, presque imperceptible, m'invitant à venir la rejoindre. Je me levai avec des gestes lents et calculés, puis marchai vers elle en craignant qu'elle ne s'enfuie comme un animal effrayé.

Elle était toujours là lorsque j'atteignis l'escalier et elle me fit même une place à côté d'elle.

Il y eut encore quelques instants de silence que je n'osais pas rompre. Je me sentais bien, là avec elle, dans l'obscurité de l'arrière-cour. Il n'y avait pas de malaise, pas d'embarras, juste un moment de calme, ensemble, que nous acceptions tous les deux. J'ai lu quelque part que la qualité des silences entre deux personnes est aussi importante que la qualité des conversations. J'étais d'accord, je ne ressentais pas le besoin de parler pour l'instant.

Il y avait très peu d'espace entre nous deux et je sentais que mon coude l'effleurait. C'était son coude à elle que je touchais ? Sa hanche peut-être… Oh ! sa hanche ! Cet infime frôlement, qui captait un peu de sa chaleur et probablement aussi de son odeur, devint tout à coup le centre de mon attention. J'abaissai les paupières et tentai de me concentrer pour avoir une respiration posée. Un temps, deux temps, trois temps, *inspirer… expirer…*

– Elle vit à Sherbrooke, lança tout à coup Daphné, d'une voix incertaine.

J'avais ouvert les yeux, soudain en alerte.

– Oh ! c'est… c'est loin, dis-je finalement.

– Un peu, oui.

– Quand ?

J'économisais mes mots, j'avais peur de me mettre soit à pleurer, soit à la supplier de ne pas partir. Dans les deux cas j'aurais l'air ridicule.

– Je vais y aller pendant les fins de semaine pour commencer.

Je me remis à respirer. Je ne m'étais pas aperçu que je retenais mon souffle.

– Si tout va bien, si elle respecte les conditions, je pourrais retourner vivre avec elle pour de bon.

– Quand ? répétai-je.

– Je sais pas, peut-être avant Noël.

Noël ! C'était demain ça ! Ça ne pouvait pas... ça ne devait pas arriver ! Pas tout de suite ! Pas maintenant...

– Je comprends pas. Pourquoi ils te laissent retourner avec elle ? Elle est pas capable de prendre soin de toi !

Elle dut sentir mon désarroi. Elle voulut me rassurer.

– Elle a des droits. Marthe dit qu'elle a changé, qu'elle veut vraiment que ça fonctionne. Elle a un travail stable depuis un an, un appartement, même un chien.

Daphné eut un petit rire qui sonnait faux.

– Un chien ! T'imagines ? Quand j'étais petite, je rêvais d'en avoir un, mais c'était toujours non.

– On dirait que t'es contente de partir.

Mon ton était plus dur que je n'aurais voulu le laisser paraître. J'avais tellement mal ! Ne voyait-elle pas que j'avais commencé à me réduire en petites miettes ?

Elle tourna la tête vers moi.

– C'est ma mère, Alex. C'est la seule famille que j'ai. Tu peux pas comprendre. Toi, t'as tes parents, tes sœurs, une maison, une vie stable. J'ai rien de tout ça. Si elle m'offre quelque chose qui pourrait y ressembler juste un peu…

Elle repoussa une mèche de cheveux derrière son oreille et humecta ses lèvres avant de continuer.

– Si cette fois ça pouvait vraiment marcher, j'aurais enfin une vie normale. Voyons, Alex ! Il fallait s'attendre à ce que je parte, tôt ou tard.

– Pourquoi ? T'es bien ici.

Les arguments me manquaient et je sentais que je m'enlisais doucement.

– Ma vie est comme ça… des arrivées, des transitions, des départs, des séparations. Jamais longtemps au même endroit, jamais le temps de vraiment me sentir chez moi.

– T'es chez toi ici, dis-je d'une voix faible.

Elle soupira doucement.

– Tu comprends maintenant ?

– Quoi ? Qu'est-ce que je devrais comprendre ?

– Pourquoi je veux pas lier d'amitiés, pourquoi je veux pas m'attacher à personne et surtout pas… à toi.

Je sentis une boule se former dans ma gorge. Oui, je le comprenais, mais je ne l'acceptais pas. Je refusais de l'accepter.

– Je t'aime, Daphné.

C'était sorti sans même que j'y aie réfléchi. Je ne l'avais même pas regardée, je fixais, droit devant moi, l'eau de la piscine. J'avais dit la vérité, toute nue, celle que je ne pouvais plus garder pour moi.

– Dis pas ça.

Sa voix avait changé. J'y percevais de l'appréhension et un peu de colère aussi.

– Dis pas ça, répéta-t-elle fermement.

Je secouai la tête, toujours sans la regarder.

– Non, je m'empêcherai pas de te le dire.

– Tu… tu peux pas. Je veux pas que…

Elle avait commencé à se détourner pour se lever, mais je lui attrapai le poignet. Non, cette fois je n'allais pas la laisser partir. Pas encore.

– Reste avec moi, soufflai-je. Reste ici.

Elle était indécise, de dos, une main posée sur la marche du dessus, prête à s'y appuyer pour s'aider à se relever. Je relâchai doucement, un à un, mes doigts qui tenaient son poignet et gardai le regard rivé sur ses épaules en espérant qu'elle se retourne.

– Je voulais pas que ça se passe comme ça, murmura-t-elle. J'ai essayé… j'ai tellement essayé de me tenir loin de toi, parce que je savais que ça allait arriver. Je savais que tôt ou tard elle allait revenir me chercher et que j'aurais mal.

La laisser venir à moi. Ne rien tenter qui pourrait lui faire peur. Contrôle-toi, Alex. Reste maître de toi.

Je pourrais simplement la prendre dans mes bras. Ça nous ferait du bien à tous les deux. Juste la serrer, sans rien tenter.

Non, ce serait trop difficile. Sentir sa chaleur, toucher sa peau sans la caresser ? Sans y déposer mes lèvres ? Je n'y résisterais pas. Je suis beaucoup trop faible.

– J'ai lu ton livre.

J'avais capté toute son attention. Elle attendait la suite.

– J'ai vu tes dessins.

Elle laissa échapper un faible gémissement et se retourna lentement, n'essayant plus de partir.

– Je suis désolée, j'aurais pas dû te le prêter.

– C'est très beau.

Elle plaça ses mains sous ses cuisses et laissa tomber sa tête vers l'avant, son menton touchant presque à sa poitrine.

– C'est un des *chums* de maman qui m'a montré à dessiner. Il était très bon. Il dessinait des visages incroyables. Tu sais que ce sont les yeux qui sont les plus difficiles à reproduire ?

Je haussai les épaules. Je n'avais jamais vraiment essayé de dessiner.

– Je l'aimais bien, dit-elle d'une voix pensive. Je ne me souviens plus de son nom.

– Et qu'est-ce qui est arrivé ? Pourquoi vous êtes parties ?

– Il a essayé de me violer.

Je n'étais pas prêt à entendre ça. Elle l'avait dit sur un ton tellement banal, comme si elle m'avait annoncé qu'il allait pleuvoir. Il y eut un silence terrible pendant lequel je me demandai désespérément ce que je devais dire, puis c'est elle qui continua :

– Pourquoi toi, tu ne me touches pas, Alex ?

– Qu... quoi ?

Je me remettais à peine de sa dernière phrase, que déjà, elle m'en balançait une autre tout aussi mortelle.

– La plupart des gars s'essayent avec moi. Ils pensent que parce que j'ai pas de famille, ça sera plus facile. Ils croient que je suis désespérée au point de les laisser faire ce qu'ils veulent. Pourquoi es-tu différent ?

Ce n'était pas une supplication, elle ne me demandait pas de la toucher. Elle voulait seulement savoir pourquoi je ne le faisais pas.

J'inspirai profondément.

– Je veux que ça vienne de toi. Je veux que tu en aies vraiment envie, pas que tu te sentes obligée.

Elle se tourna vers moi et me regarda avec un mélange de curiosité et de tristesse.

– Oh ! dit-elle dans un souffle. Tu me rends pas la tâche facile.

– Pourquoi ?

Elle se mordit la lèvre inférieure.

– J'essaie de me détacher de toi, Alex. Ça me prend toute ma volonté, toute mon énergie et toi, tu m'arrives avec *ça*…

Je ne la quittais pas des yeux.

– Ça me prend aussi toute ma volonté, avouais-je, d'une voix beaucoup plus grave que d'habitude.

Daphné releva brusquement la tête et je vis dans son regard qu'elle avait reconnu cette intonation, que ce n'était pas la première fois qu'elle l'entendait et que ça lui faisait peur.

Elle se leva, monta les marches à reculons et se dirigea vers la porte qu'elle ouvrit. Je n'avais pas bougé, je n'avais pas tenté de la retenir, parce que j'aurais alors failli à ma promesse.

– C'est mieux comme ça, Alex.

La porte se referma.

Je me laissai glisser au bas des marches et m'étendis sur la pelouse pour regarder le ciel. Je pouvais voir la Grande Ourse. Pourquoi n'avais-je jamais appris à reconnaître aucune autre constellation ? Il y avait la constellation du Dragon et celle d'Orion, mais où pouvaient-elles bien être ? Et tous les signes du zodiaque, où se trouvaient-ils ? Si j'avais su les reconnaître, peut-être aurais-je pu penser à autre chose ! Peut-être que j'aurais réussi à me débarrasser de l'image de ses petits doigts de pieds, émergeant de son pantalon de pyjama. Peut-être que la courbe de sa nuque se serait effacée de ma mémoire et que le gris de ses iris aurait disparu de mes souvenirs.

Je restai là longtemps à contempler le ciel, sans vraiment le voir. Ensuite je roulai sur moi-même pour me rapprocher du bord de la piscine. Un dernier tonneau et je me laissai couler au fond de l'eau.

L'été tirait maintenant à sa fin et j'allais bientôt commencer le cégep. Grâce à la natation, j'avais rapidement retrouvé la forme et j'avais pu recommencer à faire de la planche. C'était la seule activité qui m'intéressait. Tous les matins du mois d'août, je m'étais levé très tôt pour faire mes cinquante longueurs de piscine et ensuite m'occuper des jumelles pendant la journée. En fin d'après-midi, quand mon père revenait du travail, je retournais nager un peu, puis je partais avec ma planche pour la soirée. Souvent, j'étais seul à faire mes sauts avec U2 qui hurlait dans mes oreilles. Parfois, Vallières ou Butch venaient me rejoindre sur les rampes, mais je préférais la solitude. De toute façon, je n'avais rien à leur dire. Butch se moquait de moi et ça m'enrageait. Même ses incroyables aventures de baise ne me faisaient plus rire.

Je n'avais pas eu d'autres conversations avec Daphné et nous nous évitions soigneusement. Elle avait commencé à passer les fins de semaine chez sa mère. La première fois, celle-ci était venue la chercher et j'avais eu un choc de constater à quel point elle était jeune. Elle ne devait certainement pas avoir plus de trente-quatre ou trente-cinq ans. Elle parlait et riait fort et elle puait la cigarette. Ses cheveux décolorés étaient ternes et elle portait une camisole jaune tellement minuscule qu'on pouvait facilement voir qu'elle avait un crâne tatoué sur un sein. Elle avait un air vulgaire et je ne lui faisais pas confiance. J'aurais mis ma main au feu qu'elle trempait dans des affaires louches. Ça m'avait écœuré de voir Daphné à côté d'elle, de les regarder s'embrasser sur les joues et de se serrer dans les bras. J'aurais voulu crier à Daphné de ne pas y aller, de rester avec moi, mais j'étais plutôt retourné dans ma chambre avant même son départ.

Sa mère ne vint la chercher qu'une autre fois et je m'arrangeai pour ne pas être là. Ensuite, elle lui envoya de l'argent pour qu'elle prenne l'autobus. Tous les vendredis, mon père allait conduire Daphné au terminus et me demandait de l'accompagner, ce que je refusais.

Toutefois, quand elle revenait le dimanche soir, je ne pouvais m'empêcher de l'écouter raconter sa fin de semaine à mes parents, tout en sachant très bien que c'était à moi qu'elle parlait. Je restais dans ma chambre ou au salon devant la télé. Daphné feignait l'enthousiasme et décrivait en détail toutes les activités qu'elle avait faites pendant ces deux jours : magasinage, promenades en ville, soupers avec des amis de sa mère. Je n'y croyais pas. Daphné n'aimait pas magasiner et les longs soupers l'ennuyaient. De quoi pouvaient bien discuter les amis de sa mère, de toute façon ? De la hausse du prix de la cocaïne ? De la mécanique des Harley Davidson ? De l'emprisonnement de l'un de leurs copains ? Non vraiment, Daphné n'était pas à sa place.

Mes parents s'inquiétaient de me voir si renfermé, si taciturne. Je les entendais conspirer dès que je sortais de la pièce. Parfois, l'un ou l'autre venait me voir pour tenter de me faire sortir de mon isolement.

– Voyons Alex, fais un effort ! me dit mon père un soir. C'est ton amie, non ? Tu devrais être content, elle est heureuse.

– Non.

– Ne sois pas si égoïste.

– Je suis réaliste, c'est tout. Ça ne marchera pas, il me semble que c'est évident.

– Tu es de mauvaise foi.

Oui, c'était vrai, j'étais de mauvaise foi. Je ne voulais pas que ça marche, je souhaitais que ça foire complètement et je me haïssais de penser ça. Je me sentais comme un petit garçon auquel on aurait refusé un bonbon et qui pique une crise monstre. Je l'aurais bien frappé cet enfant, il me tombait sur les nerfs. C'était insupportable.

Chapitre XVIII

MES PREMIÈRES SEMAINES au cégep se déroulèrent comme dans un vortex, aux contours un peu flous. J'étais bombardé d'informations provenant de toutes parts, de lumières, de visages, de lieux, de nouvelles façons d'apprendre. C'était complètement différent de ce que j'avais connu au secondaire. On ne nous prenait plus par la main. On nous laissait libres de nous présenter aux cours ou non, nos allées et venues n'étaient plus contrôlées, on ne nous disait pas quoi faire pendant les pauses et les heures des repas. C'était assez déroutant, mais j'adorais ça !

Je ne connaissais personne dans mes cours de science. Vallières était inscrit en technique forestière et passait la journée dans un autre pavillon, Babe était en technique de design industriel et Butch en sciences humaines. Son père tenait absolument à ce qu'il aille à l'université, mais Butch s'intéressait peu aux études et n'avait, de toute façon, aucune idée de ce qu'il voulait faire plus tard. Je fus donc très surpris de le retrouver dans un cours de littérature, que j'avais choisi en complémentaire.

– Qu’est-ce que tu fous ici ? lui demandai-je en l’apercevant.

Butch détestait lire. D’ailleurs, je ne l’avais jamais vu tenir quelque chose ressemblant de près ou de loin à un livre. Tout au plus feuilletait-il parfois des bandes dessinées comme *Garfield* que son petit frère laissait traîner dans la salle de bain.

– J’ai aucune idée pourquoi c’tait sur mon horaire, mon gars ! J’comprends pas !

Je lui tapotai le dos en m’assoyant au bureau voisin du sien.

– T’en mourras pas, Butch. Tout ce que tu risques, c’est d’avoir l’esprit un peu moins fermé à la fin de la session.

Il grogna pour la forme, puis renonça à faire la demande d’être redirigé vers le cours qu’il avait choisi initialement soit, « Expression de soi et créativité », du programme d’éducation à l’enfance. Le cours en lui-même ne l’intéressait pas nécessairement, ce qui l’attirait c’était plutôt le fait qu’il se serait retrouvé dans un groupe composé exclusivement de filles.

– Je m’imaginais déjà exprimer ma créativité, chantonna-t-il rêveusement, le regard humide.

– Au fait, t’as des nouvelles de Chet ? demandai-je avant qu’il ne se mette à délirer sur les possibles applications pratiques de ce cours.

– Non, j’ai vu sur son site qu’il a raté son 900° à une compétition en Australie. Taboire, on a vraiment été chanceux de voir ça !

Je souris à l’évocation de ce souvenir.

– Penses-tu qu’un jour on réussira à faire ça ?

– Quoi ? T'es malade ! C'gars-là a un moteur dans l'derrière, c'est certain !

– *SURVEILLEZ VOTRE LANGAGE, MONSIEUR !*

Une femme énorme venait d'entrer dans la salle de classe, poussant un chariot croulant sous les livres. Elle jeta un regard lourd de menaces sur mon ami, puis, se tournant vers le reste des élèves, elle se présenta : Carmen Gass, enseignante de littérature.

J'entendis Butch étouffer une exclamation de surprise. Elle faisait vraiment peine à voir. Elle portait une robe fleurie qui ressemblait à un immense sac sans taille et sans manches et qui laissait voir des bras et des mollets épais. Le peu de cheveux qui lui restaient étaient gris, secs et donnaient l'impression d'avoir été coupés par un enfant de deux ans. Comme si ce n'était pas suffisant, sa voix, sa peau et son odeur trahissaient sa dépendance de longue haleine à la nicotine.

– Prenez note que je ne tolérerai aucun retard à mes cours, aucune excuse pour obtenir un délai dans la remise des travaux et surtout – ses yeux menaçants s'arrêtèrent sur Butch – aucun écart de langage.

Il déglutit avec difficulté.

– Par contre, vous serez certainement intéressés d'apprendre, à la lecture du plan du cours que je vous remets à l'instant, que nous étudierons, autant la littérature classique que fantastique et que nous survolerons également certains classiques de la littérature érotique.

Un sourire s'épanouit sur le visage de Butch et, repoussant sa chaise, il se leva, les bras grands ouverts.

– Je crois bien que je vais aller vous embrasser, madame Gass.

Elle lui lança un regard glacial.

– Ce ne sera pas nécessaire, monsieur. Vous pouvez vous rasseoir.

Je me penchai vers lui et chuchotai à son oreille.

– Si jamais tu y vas, sois certain que c'est vraiment son visage que tu embrasses...

J'avais suffisamment chargé mon emploi du temps pour passer le moins de temps possible à la maison. En plus des cours, je continuais à aller au parc faire mes figures et je m'étais inscrit à une session de natation pour perfectionner ma technique. Je me rendais aussi au centre d'entraînement du cégep pour poursuivre ma remise en forme. J'avais encore une faiblesse à la jambe gauche et mon but était de lui faire rattraper la droite. Le soir, je revenais à la maison à pied, avec ma planche, ce qui me prenait plus d'une heure. Je mangeais en vitesse et je descendais à ma chambre pour étudier.

Malgré mes efforts pour éviter de voir ou de penser à Daphné, je ne faisais qu'aggraver ma situation et le seul fait de la croiser le matin, en partant pour le cégep, suffisait à me mettre dans tous mes états pour la journée.

Un jour que je m'étais levé très tôt pour déjeuner avant elle, je la trouvai assise à la table, encore en pyjama. Elle m'attendait manifestement.

– Tu m'évites, affirma-t-elle sans autre préambule.

– Ça se pourrait.

Feignant de ne pas m'en occuper, je lui tournai le dos et m'installai à un tabouret du comptoir.

Je l'entendis reculer sa chaise et venir me retrouver. Elle garda le silence quelques instants, pendant lesquels je mangeai mes céréales, en tentant de me concentrer sur la lecture des ingrédients de la confiture de fraises.

– Je vais partir bientôt.

J'avalai difficilement ma bouchée, en gardant une expression neutre.

– Ma mère a respecté les conditions. Tout se passe bien.

Ça y était. Elle allait finalement partir.

– Ça fait deux mois que j'y vais toutes les fins de semaine. Ça va, je pense qu'elle a passé le test.

Je tentai de ne pas lui laisser deviner l'état de détresse dans lequel je me trouvais. Je me sentais sombrer au fond d'un gouffre. Tant qu'elle avait été encore à la maison, j'avais eu la possibilité de l'éviter pour ne pas la voir, mais dans quelques jours, je n'aurais même plus à me donner cette peine. Elle ne serait plus là, simplement.

– Tu es contente ?

– Ouais, c'est sûr ! Je suis déjà inscrite à ma nouvelle école et je vais pouvoir suivre des cours de dessin.

Sa voix sonnait faux. Est-ce parce que je voulais tellement qu'elle reste que mon imagination me jouait des tours ? Est-ce que j'inventais cet air effrayé qu'elle avait et que je ne lui avais jamais vu ?

Je laissai tomber mes barrières et mon ridicule entêtement pour me tourner vers elle et lui parler franchement.

– Daphné, tu es certaine que tout va bien ? Si quelque chose n'allait pas, tu me le dirais ?

Elle évitait de croiser mon regard, fixant plutôt quelque chose au-dessus de mon épaule gauche.

– Ça va, arrête de toujours t'inquiéter pour moi.

Le jour de son départ, j'allai la voir dans sa chambre pendant qu'elle terminait de préparer sa valise. Je ne voulais surtout pas être là lorsque sa mère arriverait. J'avais peur de dire des choses que je regretterais plus tard. Je voulais partir au plus vite pour aller m'ensevelir, me cacher, m'enfouir, m'enterrer, m'engloutir et ne plus penser à elle.

Je déposai *Le Grand Cerf-Volant* sur le lit, puis pris une grande inspiration.

– Bon, ben… je…

Je m'étais préparé une phrase pour me faciliter la tâche. Quelque chose de gentil, mais de court, qui ne laissait pas de place aux effusions. Je restai plutôt les bras ballants, près de la porte à regarder le plancher, l'esprit aussi vide que si on me l'avait siphonné.

lequel nous étions installés, à la bibliothèque du cégep. Le site que nous consultions présentait différents modèles de costumes, faciles à fabriquer.

– On pourrait se déguiser en Roméo, suggéra Butch.

– Je refuse de porter des collants.

– Ouais, t'as raison. En Cyrano d'abord ?

Je lui lançai un regard de côté. Quoi ? Il avait retenu quelque chose du dernier cours de littérature ! Je croyais qu'il avait dormi du début à la fin.

– Le nez… je suis pas certain.

Il s'impatienta.

– Qu'est-ce que tu suggères d'abord ?

– Joueurs de hockey ? dis-je avec un sourire en coin. Les filles adorent ça.

Il croisa les bras et me jeta un regard menaçant.

– C'est pas drôle !

Il avait encore sur le cœur sa rupture avec Fanny. Même s'il n'en parlait pas beaucoup et qu'il ne se morfondait pas comme moi, je savais qu'il pensait encore à elle.

Après une heure à chercher le costume parfait, Butch déclara que pirate était une option intéressante, si on se fiait à la cote de popularité qu'avait eue Johnny Depp auprès des filles, après avoir tourné la série des trois *Pirates des Caraïbes*. Ce fut assez simple de trouver tous les éléments dont nous avions besoin et mes cheveux étaient suffisamment longs pour que je n'aie pas à porter de perruque. En me renseignant auprès d'une amie de ma mère qui était coiffeuse, je me procurai des produits pour me faire de fausses tresses rastas et le résultat final fut plus que raisonnable.

Le soir de la fête, j'avais rejoint Butch chez sa mère en compagnie de Vallières et Babe, déguisés en *Teletubbies*. La plupart du temps, Butch était seul à la maison et il avait la permission de faire à peu près n'importe quoi. De toute façon, ce qui lui était interdit, il le faisait quand même. Comme de fouiller dans le bar qui se trouvait au sous-sol et de préparer des *tequilas puffs* pour ses amis.

– C'est ma tournée ! s'écria-t-elle, comme si le bar lui appartenait. Moi, je conduis, je peux pas boire.

J'étais étonné. Depuis quand Butch était-il devenu raisonnable ? Voyant mon expression, il avait clarifié la situation en souriant.

– J'voudrais pas briser ma Buick !

Ensuite, nous sommes partis pour le cégep avec la musique au fond et le toit grand ouvert, même si le mercure avoisinait zéro degré. Butch aimait faire des entrées remarquées et c'était parfois… non, c'était souvent très gênant.

À l'intérieur, il y avait une foule composée, entre autres, de superhéros, de vampires, de fées Clochette et de litres de lait. Il fallait se tailler un chemin entre des corps chauds et humides qui se mouvaient au son d'une musique rugissante, dont les basses nous faisaient vibrer la cage thoracique. C'était impossible de tenir une conversation sans se retrouver avec une multitude de postillons au visage. Je détestais ça.

Dans un coin, je nous dénichai une table qui s'était miraculeusement libérée au moment où je passais devant. Prenant son rôle de barman très au sérieux, Butch nous ramena des bières dans des verres en plastique et s'installa à califourchon sur une chaise pour « faire du repérage », comme il disait. Puis, pendant un moment, il nous fit des signes – dans un code qu'il nous avait savamment expliqué au préalable, mais que lui seul comprenait réellement – nous indiquant où se trouvaient les filles les plus intéressantes.

– Oh ! je crois qu'il nous indique une blonde là-bas, commenta platement Babe, les mains croisées sur son énorme ventre jaune citron.

– Non, je pense que c'est plutôt trois brunes, ajouta Vallières, un sourire en coin.

– Attendez, heu… est-ce qu'il a parlé d'un signal pour les femmes à barbe ? Parce que je pense qu'il essaie de nous dire qu'il en a aperçu une qui sortait des toilettes.

Nos rires ne passèrent pas inaperçus et Butch se retourna brusquement.

– C'est ça, riez, bande de trolls ! Mais v'nez pas pleurer si vous finissez la soirée seuls !

Il se détourna et se remit à nous faire ses signaux. Soudain, il se figea. Quelque chose avait attiré son attention. Il se leva lentement, étirant le cou vers l'avant. Il me fit penser à ces petits animaux du désert, les suricates, qui se dressent sur leurs pattes de derrière pour voir venir les prédateurs.

– Bon, qu'est-ce qu'il a repéré cette fois ? demanda Vallières, prêt à se moquer de lui à nouveau.

Butch regardait vers la porte d'entrée où un groupe de filles venait d'arriver. En plissant les yeux un peu, je pus voir qu'il y avait là une sorcière chauve, une ballerine obèse, une infirmière sexy et... Fanny. Elle portait une longue robe de style médiéval et avait remonté ses cheveux dans un chignon tressé, au style compliqué, et l'avait piqué de petites fleurs blanches. Elle était très belle et je ne fus manifestement pas le seul à le remarquer, puisqu'un gars l'avait sifflée dans la salle bondée, assez fort pour couvrir la musique.

C'est à ce moment que Butch bondit et se dirigea résolument vers elle. Si je me fiais à l'expression de Babe et Vallières, ils devaient être aussi surpris que moi. Nous l'observâmes s'approcher, puis se planter devant elle. Sans autre avertissement, il posa un genou par terre et lui prit la main.

– Mais qu'est-ce qu'il fait? me cria Babe, inquiet, en me posant une main sur l'épaule. Il va pas la demander en mariage, quand même!

Les filles qui accompagnaient Fanny pouffèrent de rire en se tortillant, mais celle-ci gardait les yeux rivés sur Butch, attendant la suite. Après un moment il lui dit quelque chose que la musique nous empêcha évidemment d'entendre, mais qui fit beaucoup rire Fanny. Elle tira ensuite sur sa main pour l'aider à se relever et au milieu de tout ce monde et de ce bruit, Butch se mit à l'embrasser goulûment comme s'ils avaient été seuls dans la salle. Il s'accrochait à elle, la faisant reculer en bousculant ceux qui se trouvaient sur leur passage, jusqu'à ce qu'un mur l'arrête. Les mains de Butch couraient partout sur le corps de Fanny et si quelqu'un n'était pas intervenu, il l'aurait probablement déshabillée sur place. On les escorta jusqu'à l'extérieur.

– Je pense qu'on va devoir rentrer à pied, constata Babe, pragmatique, lorsqu'il eut retrouvé la parole.

– Ouais, je pense bien, lui répondis-je.

La scène qui venait de se dérouler aurait pu être vraiment drôle si elle ne m'avait pas renvoyé à mon propre malheur, comme un coup de poing au visage. Je perdis le peu d'intérêt que j'avais pu avoir pour cette soirée et après une autre demi-heure d'ennui mortel, je décidai de quitter les lieux. Babe et Vallières se joignirent à un groupe de fêtards et me souhaitèrent bonne nuit avec de grandes tapes dans le dos. Leur soirée s'annonçait plus réussie que la mienne.

Heureusement, il y avait encore des autobus et l'un d'eux me déposa à deux rues de chez moi. En marchant vers la maison, une fine neige se mit à tomber et j'ouvris la bouche pour en attraper quelques flocons. Comment allais-je faire pour me débarrasser de cette tristesse qui ne me lâchait plus ? Daphné ne m'avait pas téléphoné. Elle ne pensait plus à moi. Il fallait que je passe à autre chose et vite. Mais quoi ? J'avais essayé, j'avais vraiment essayé de l'oublier, mais je n'y parvenais pas.

Devant la maison, je vis, d'après les flashs de lumière qui passaient entre les lamelles des stores fermés, que ma mère s'était encore endormie devant la télévision. J'avançai vers la porte, en espérant ne pas la réveiller et ainsi ne pas avoir à répondre à ses questions.

J'avais juste hâte de prendre une douche, puis de me coucher.

Chapitre XIX

Il n'y avait aucun bruit dans la maison et à l'exception de la lueur provenant du salon, il faisait complètement noir. Je refermai doucement la porte d'entrée et fis un pas en direction des lumières. Mon pied gauche buta sur quelque chose. Une botte.

Je ne pus retenir un hoquet de surprise et mon cœur se mit à battre furieusement. Cette botte n'appartenait ni aux jumelles ni à ma mère.

Elle était revenue.

Était-ce possible ? Était-elle vraiment là, dans la pièce à côté ? Je n'avais qu'à faire dix pas tout au plus et je la rejoindrais. J'avais le vertige. Je marchai lentement vers le salon en me tenant au mur et passai la tête la porte.

C'était vraiment elle. Je pris une minute pour me calmer et l'observer un peu. Recroquevillée dans un coin du divan, les jambes repliées, elle mangeait avidement une pêche. Sur la table basse, trois noyaux reposaient sur un mouchoir de papier. Sur le sol, un sac de toile à bandoulière, qui devait contenir ses affaires. Elle était de nouveau habillée tout en noir et ses cheveux lui retombaient sur le visage, comme la première fois que je l'avais vue. Je remarquai qu'elle avait perdu beaucoup de poids. C'était assez incroyable, étant donné qu'elle était déjà très mince avant. Elle avait l'air d'un petit animal apeuré et famélique.

Inspirant à fond, je m'approchai prudemment du divan. Elle ne réagit pas et continua à manger. Je m'assis non loin d'elle, un peu de côté pour pouvoir la regarder et je me laissai aller contre le dossier rembourré du divan. Elle était affamée et elle semblait se délecter de chacune des bouchées qu'elle prenait, tout en essuyant avec sa manche le jus qui lui coulait sur le menton.

Lorsqu'elle eut terminé, elle étira la main pour déposer le noyau à côté des autres sur la table et croisa ensuite ses bras sur sa poitrine. Puis, elle se mit à se bercer doucement.

Son comportement ne me rassurait pas du tout et j'avais mille questions à lui poser. Je laissai passer un long moment qui me parut interminable, puis, n'en pouvant plus :

– Qu'est-ce qui s'est passé ?

Elle cessa son balancement et sembla pour la première fois prêter attention à ma présence. Elle ne répondit pas et resserra son étreinte autour d'elle.

– Daphné… dis-moi.

Elle tourna légèrement la tête et je vis à travers son rideau de cheveux ses yeux qui brillaient à la lueur de l'écran de télévision. Je crus un instant qu'elle allait se moquer de moi, avec mes tresses rastas et mon costume de pirate, mais elle se mit à parler d'un ton dur, à voix basse.

– Je pensais qu'elle avait changé. Je pensais qu'elle voulait vraiment qu'on forme une famille.

J'attendis la suite, sans l'interrompre.

– J'ai vraiment cru à toutes ses promesses. Tout le monde y a cru, même Marthe.

Moi je n'y avais pas cru, mais je me gardai bien de le dire. Elle eut un petit rire méprisant.

– J'ai tellement été nouille. Elle m'a eue jusqu'à l'os.

– Elle a joué son jeu.

– Ouais… C'était facile. Je voulais tellement lui plaire. Je dégoulinais de bonheur, juste parce qu'elle me présentait aux voisins !

– Je t'avoue que j'ai de la difficulté à t'imaginer dégoulinante de bonheur.

Ma blague tomba à plat.

– Je m'excuse. C'était pas drôle.

– Mais t'as raison ! J'étais pas moi-même ! J'étais devenue quelqu'un d'autre qui essayait de se convaincre. Tu vois, elle était pas la seule à jouer un jeu.

Elle fit une pause, pendant laquelle elle frotta pensivement les jointures de sa main droite contre sa joue.

– Y'a trois semaines, son chum est revenu. En fait, la maison lui appartenait et il était parti travailler dans l'Ouest depuis plusieurs mois. Mais ça, elle me l'avait pas dit. Ni que je devais déménager au sous-sol pour les laisser tranquilles le soir. Ni qu'avec lui, elle se remettrait à boire. Ni qu'il y aurait des *partys* monstres trois ou quatre fois par semaine.

– C'est pas vrai…

– Ni qu'elle voudrait que je participe à ça. Et que je le ferais. Parce que ça me rapprocherait d'elle encore un peu. J'ai été son petit jouet pendant deux mois. Elle voulait qu'on lui dise qu'elle avait l'air tellement jeune, que c'était incroyable qu'elle ait une fille de seize ans.

Daphné s'essuya les yeux avec la paume de sa main. Je n'avais pas vu qu'elle pleurait. Sa voix semblait si sûre.

– Je suis presque pas allée à l'école. J'étais tellement crevée, je voulais juste dormir.

Sans même réfléchir, je tendis la main, qu'elle regarda pendant quelques secondes. Elle semblait se demander ce que je voulais. Puis, elle y déposa la sienne et je l'attirai vers moi.

Enfin.

Je l'entourai de mes bras et elle plaça sa tête sur mon épaule, son front au creux de mon cou. Elle était si petite, j'avais presque peur de lui faire mal si je la serrais trop fort. Ses bras m'encerclaient la taille et je n'osais plus bouger, plus respirer. Je voulais la garder là aussi longtemps que possible. Je tenais dans mes bras toute la tristesse du monde.

– Le plus incroyable, c'est que j'avais l'impression de commencer à lui ressembler, dit-elle d'une voix faible. Ça m'a écœurée.

Je lui caressais doucement l'épaule avec le bout de mes doigts.

– La nuit dernière, j'ai rêvé à toi, Alex.

Oh… Et moi je rêve à toi à toutes les nuits.

– Je t'avais repoussé loin dans mon esprit. Je ne voulais pas penser à toi, parce que j'avais honte.

– Honte ?

– Oui… tout ça. Tout ce gâchis, tu… tu l'avais vu venir. Tu savais que je devais pas y aller.

Elle souleva la tête pour me regarder. Elle était encore au bord des larmes.

– J'ai juste été très égoïste, avouais-je.

– J'aurais dû t'écouter.

– Tu y pouvais rien. C'est ta mère.

Elle poussa un soupir entrecoupé de sanglots et je sentis ses larmes qui coulaient dans mon cou.

– J'ai décidé de partir, ce matin. Je m'en fous que c'est ma mère, je veux plus vivre là. Je veux plus vivre avec elle. Jamais.

Sa voix tremblait.

– Comment es-tu venue ?

Elle souleva sa main et me montra son pouce.

– T'aurais dû appeler. On serait allés te chercher.

– Oui, je sais.

Le silence s'installa pendant de longues minutes. Je voulais juste rester comme ça longtemps, la tenir et profiter du fait que non, ce n'était pas un rêve. Elle était vraiment là et je pouvais sentir sa chaleur, son odeur. Elle me serra plus étroitement et je crus que j'allais défaillir.

Si je l'osais, je pourrais peut-être… oui. Je posai prudemment mes lèvres sur son front.

Oh ! elle reste là.

Je les fis glisser lentement vers ses yeux, que j'embrassai un à un.

Salé. Humide.

Puis sa joue.

Tellement douce ! Et ça sent, ça goûte la pêche.

La ligne de sa mâchoire.

Ça y est, je peux mourir maintenant.

Je crus que c'était ce qui allait m'arriver lorsqu'elle se dégagea et recula contre le dossier du divan pour m'observer pendant un long moment. Son regard était sévère. Je me sentis très petit, comme si j'avais été surpris à faire un mauvais coup. Puis soudain, elle glissa sa main derrière ma tête et m'attira vers elle. Nos bouches se trouvèrent enfin et ce fut un délire prodigieux pendant un long moment. Sa langue et ses lèvres me fouillaient, m'inspectaient et me cherchaient avidement. Elle avait la même soif que moi. Mes mains couraient sur son visage, dans ses cheveux… j'avais envie d'elle comme un fou.

Doucement Alex, contrôle-toi.

Sa main dans le bas de mon dos, est-ce qu'elle n'était pas en train de la glisser sous ma chemise ?

Oooooooh oui…

Des frissons partout, comme des chocs électriques. Et cette bouche…

Cela dura une heure ou peut-être une seconde, mais quand cet incroyable baiser prit fin, nos fronts restèrent appuyés l'un contre l'autre. Nous haletions tous les deux.

– *Ça*, c'était quelque chose, chuchota-t-elle avant de laisser couler un petit rire, un peu gêné.

Je lui souris et, prenant son visage entre mes mains, je l'embrassai à nouveau.

– Je t'aime. Et je ne te laisserai plus partir.

Elle enfouit son visage dans mon cou et posa ses deux mains à plat sur mon dos, sous ma chemise.

– Je t'aime aussi. Et je ne partirai plus.

J'avais envie de crier, de rire et peut-être même de danser. Et si j'allais réveiller tout le monde ?

Les jumelles seraient contentes de voir Daphné.

Malgré l'excitation qui m'avait gagné, je fixai Daphné le plus calmement possible et je me levai en lui tendant une main un peu tremblante. Elle hésita, mais la prit enfin et me suivit en ramassant son sac. Je l'entraînai vers les escaliers qui descendaient au sous-sol.

– Tu crois que…, tenta-t-elle de dire, en haut des marches.

Je tirai doucement sur sa main pour l'inviter à descendre. Ce qu'elle fit. Au seuil de ma chambre, elle s'arrêta à nouveau.

– Alex, je… je n'ai pas eu de très bonnes expériences…

– Je sais.

Elle inspira profondément.

– Je veux pas tout gâcher… mais tu sais je… j'ai peur de…

Je passai mes bras autour d'elle.

– J'ai peur de te décevoir, chuchota-t-elle.

– Tu me décevrais si tu me laissais faire sans rien dire. Et je me haïrais pour ça.

Je m'écartai juste assez pour pouvoir river mes yeux sur les siens.

– Il ne se passera rien dans cette chambre si tu me demandes rien.

Elle sourit faiblement et me suivit à l'intérieur. Je me déshabillai, ne gardant que mon t-shirt et mon caleçon, et je me glissai sous les couvertures, près du mur. J'observai ensuite Daphné qui enlevait son jeans et son kangourou, sous lequel elle portait une minuscule camisole qui me fit presque perdre le souffle. Puis, elle s'étendit tout près de moi. Nos têtes, sur l'oreiller, s'effleuraient et je sentais sa chaleur qui irradiait jusqu'à moi. Je n'osais bouger, de peur de l'effrayer, et il se passa un long moment où seul le bruit de nos respirations troubla le silence de la chambre.

– Est-ce qu'il faut vraiment que je te demande tout ? demanda-t-elle finalement avec une pointe d'amusement dans la voix.

Je hochai la tête en souriant.

– Bon, alors, tu voudrais bien m'embrasser encore un peu ?

– Oh ! ça, c'est sûr.

– Maman ! Daphné est avec Alex dans son lit !

J'attrapai un oreiller que je lançai en direction de la porte, où Charlie se tenait, les yeux exorbités. Elle l'évita et sortit en courant. Daphné était couchée sur le dos, cachant son visage de ses mains.

– Désolé, dis-je. J'aurais dû barrer la porte hier soir. Elles font ça tout le temps.

– Quoi ? ! Te trouver avec une fille dans ton lit ?

– Hé ! Non ! Venir me réveiller !

Je la bousculai un peu pour la faire rire. Ce qui fonctionna, heureusement.

– C'est très embarrassant, fit-elle remarquer.

– Mais non, t'inquiète pas. Ils vont pas en faire un drame. Surtout que... il s'est rien passé de bien terrible cette nuit.

Elle écarta ses doigts.

– Je suis désolée.

– Arrête, veux-tu ? Moi je trouve que pour notre première soirée ensemble, c'était très bien.

Je lui plantai un baiser sur la joue et lui roulai par-dessus pour sortir du lit.

– Je vais les voir. Tu peux prendre une douche, je reviens vite !

– D'accord.

Je crois bien que mes pieds ne touchèrent pas aux marches en montant à la cuisine. Ma mère lisait le journal à la table et mon père, debout, m'attendait.

– Elle est revenue ? demanda-t-il aussitôt.

Je lui souris comme un idiot. Les jumelles apparurent dans l'embrasure du salon et se jetèrent sur moi.

– Qu'est-ce qu'elle faisait dans ton lit ? demanda Charlie en tirant sur mon t-shirt. C'est ton amoureuse ?

– Vous vous êtes embrassés ? ajouta Flavie d'une voix langoureuse.

Je ne pus faire autrement que de sourire encore plus. Mon père soupira.

– Comment est-elle venue jusqu'ici ? Est-ce que sa mère est au courant ? Pourquoi tu n'es pas venu nous réveiller ?

Ma mère releva la tête.

– Wooooo, calmez-vous tout le monde ! Viens t'asseoir, Alex.

Elle me désigna une chaise à côté d'elle. Je m'installai et je pris une gorgée de son jus d'orange.

– Comment elle va? s'informa-t-elle en m'observant.

Voilà. Ça c'était *ma* mère. Même avec son diplôme en psychologie, mon père ne lui arrivait pas à la cheville.

– Elle... elle est un peu perturbée. Ça s'est pas très bien passé là-bas.

Son regard se durcit et je la vis serrer les mâchoires.

– Je le savais, fulmina-t-elle en regardant mon père. Je le sentais que cette femme n'était pas honnête.

– Johanne, on ne pouvait rien faire, tu le sais.

– Oui, je sais! cria-t-elle presque. C'est toujours comme ça, hein? On s'occupe d'eux, on les aime et après ils viennent nous les chercher sans nous demander notre avis!

Je n'avais jamais vu ma mère dans un tel état. D'après ce que je pouvais comprendre, ce n'était pas la première fois qu'une telle situation se produisait. J'aurais voulu en savoir plus, mais je gardai mes questions pour plus tard.

– Tu pourrais aller la voir tout à l'heure? lui demandai-je. Je pense qu'elle serait plus à l'aise si toi, tu descendais d'abord. Elle te racontera tout.

Maman passa une main dans mes cheveux en souriant. Je me levai et avant de redescendre à ma chambre, je ramassai des fruits, un muffin, du pain aux raisins et un carton de lait. Dans l'escalier, j'entendis le bruit de la douche. J'étalai la nourriture sur mon lit et, en égrenant les raisins, j'écrivis méticuleusement son nom sur la couette.

– Salut !

J'étais tellement absorbé par mon œuvre, que je ne l'avais pas entendu arriver. Elle était appuyée au chambranle de la porte, les cheveux mouillés et elle portait un de mes t-shirts. Je laissai échapper un sifflement admiratif.

– Arrête, balbutia-t-elle, mal à l'aise. Je suis partie trop vite, j'ai pris seulement l'essentiel.

– Il te va beaucoup mieux qu'à moi. Allez, viens manger.

Elle se jeta sur la nourriture. Le muffin disparut le premier, ensuite les deux tranches de pain qu'elle avala avec la moitié du litre de lait. Puis, elle croqua la pomme et la pêche. Il ne restait que les raisins qu'elle mangea lentement, un à un, en suivant les lettres de son prénom. Je l'avais observée sans bouger.

– T'as pas faim ? me demanda-t-elle, la bouche pleine.

Elle était tellement affamée que je lui avais tout laissé.

– C'était pour toi, mentis-je. C'est quand la dernière fois que t'as mangé ?

– Hier soir. Les pêches.

– Oui, mais avant ça ?

– Avant-hier, je pense.

Elle regarda ses mains un instant, mal à l'aise.

– Je… j'ai pas beaucoup mangé les dernières semaines. Pas faim. Mais de toute façon, y'avait rien dans le frigo.

– Oui, c'est assez évident…

Ma mère fit irruption dans la chambre à ce moment et vint s'asseoir à côté de Daphné, qu'elle enlaça d'un bras.

– Je suis contente de te voir, lui dit-elle. Tu m'as manqué. Et il y a quelqu'un d'autre ici dans la pièce qui avait plus ou moins arrêté de sourire depuis quelque temps.

Elles me regardèrent toutes les deux et je me sentis rougir.

– Je vais prendre une douche, annonçai-je en me levant.

– Excellente idée, déclara ma mère en se tournant vers Daphné. On va pouvoir se parler.

Dans la salle de bain, je passai ma main sur le miroir pour y essuyer la buée. J'avais les traits tirés de quelqu'un qui n'a pas beaucoup dormi. Je souris à mon reflet en repensant à ma nuit avec Daphné. Nous avions parlé dans le noir jusqu'à cinq heures, entrecoupant régulièrement la conversation de pauses, pour nous permettre d'explorer l'autre de nos mains et notre bouche. Daphné s'était laissée caresser, mais je l'avais sentie tendue à certains moments. L'ombre menaçante de son passé planait au-dessus d'elle. Je n'avais pas insisté. Rien ne pressait, maintenant qu'elle était revenue. Nous aurions bien le temps de nous apprivoiser.

Marthe Gignac débarqua vers deux heures de l'après-midi, étonnamment calme étant donné les circonstances. Elle avait l'air épuisée.

– Ta mère m'a téléphoné ce matin, annonça-t-elle à Daphné.

Mon amie eut un petit rire méprisant en secouant la tête.

– Je suis partie depuis plus de vingt-quatre heures et elle vient seulement de s'en rendre compte !

– Bon, il faut s'organiser. Voir si tu retournes là-bas ou…

– Je ne retourne pas.

Elle avait parlé d'un ton si ferme qu'il ne laissait place à aucune réplique.

– Je vois, soupira Marthe en se passant une main lasse sur le visage. Mais ce n'est pas aussi simple, c'est une fugue que tu as faite, Daphné. Il y a toute une paperasse à remplir et…

– Je m'en fous. Ce que je veux, c'est ne plus jamais avoir affaire à elle. Je veux me séparer d'elle. Légalement.

Marthe eut un sursaut et la fixa pendant quelques instants.

– Tu veux dire que tu veux demander ton émancipation ?

– Appelez ça comme vous voulez.

Sous la table, je pris sa main et la serrai très fort. Elle ne m'en avait pas parlé. Je soupçonnais ma mère de lui avoir suggéré l'idée ce matin, pendant leur conversation. Évidemment, maman ne l'avouerait jamais parce que ce n'était pas très en usage chez une famille d'accueil d'encourager un jeune à se séparer de ses parents. Mais ça, c'était ma mère. Je savais qu'elle aimait Daphné comme sa propre fille et sa réaction de ce matin prouvait qu'elle s'était beaucoup inquiétée à son sujet.

– Si tu m'expliquais ce qui s'est passé, on pourrait peut-être simplement demander à ce que l'autorité parentale lui soit enlevée, suggéra Marthe sans grande conviction.

Elle ne sembla pas surprise d'entendre Daphné refuser.

– Elle l'avait perdue, son autorité parentale, et vous la lui avez redonnée cet été ! Elle a simplement eu à battre un peu des cils et aller pleurer dans vos bureaux ! Je veux plus que ça arrive. Je suis assez grande pour m'occuper de moi toute seule.

Marthe regarda mes parents qui haussèrent les épaules, l'air de dire qu'ils n'y étaient pour rien.

– C'est une procédure longue et assez compliquée, expliqua Marthe. Tu dois faire une demande d'émancipation à la Cour Supérieure et pour ce faire, tu auras besoin d'un avocat de l'aide juridique.

Daphné l'écoutait sans broncher.

– Ça te prend des motifs sérieux.

– Je sais.

– Et tu connais les conséquences ?

– Je pense, oui.

Elle jeta un coup d'œil à ma mère.

– Je deviendrai une adulte aux yeux de la loi.

– Oui. Cela mettra fin à l'autorité parentale de ta mère, mais aussi, tu n'auras plus de tuteur légal. Tu devras te trouver un endroit où habiter.

Quoi !

– … et un travail, inévitablement.

Holà ! Qu'est-ce que c'était que cette histoire d'aller habiter ailleurs ?

Ma mère se décida enfin à ouvrir la bouche.

– Nous allons l'aider. Tout est déjà réglé. Elle va rester ici, tant qu'elle le voudra.

Combien de temps étais-je resté sous la douche, moi ? Il suffisait que je disparaisse quelques minutes pour que des décisions importantes se prennent sans que j'en sois informé !

Mais j'étais content. C'était de bonnes décisions. D'excellentes décisions.

Chapitre XX

– Échec et mat.

– Quoi !

Daphné déplaça délicatement sa reine avec le bout de son index, un sourire moqueur au coin des lèvres.

– C'est pas vrai… comment tu peux gagner chaque fois ?

J'étais vraiment mauvais aux échecs. Le plus terrible, c'est que je lui avais appris à jouer, il y avait à peine un mois, et elle avait systématiquement gagné toutes les parties, dès la cinquième fois.

– J'abandonne. Trouve-toi un meilleur joueur que moi.

– Flaviiiiie ! Tu veux venir faire une partie d'échecs ?

J'attrapai Daphné par le cou et la renversai sur le tapis du salon.

– Méchante fille !

J'essayai de l'embrasser, mais elle détourna la tête en riant. C'est ce moment que choisit Flavie pour arriver dans la pièce et venir au secours de Daphné.

– Lâche-la ! Lâche-la ! Tu l'as assez embrassée aujourd'hui. Douze fois ! J'ai compté.

– Non, en fait c'est quatorze fois. J'en ai profité pendant que tu allais aux toilettes.

Ses petits poings bien posés sur ses hanches, Flavie me regardait d'un air sévère.

– Tu exagères, Alex, vraiment.

Daphné se remit à rire, encore étendue sur le dos.

– Ça va, Flavie, c'est pas si terrible. Alex n'embrasse pas trop mal.

Je lui fis des yeux mauvais et la laissai s'échapper. C'était bon de l'entendre rire et plaisanter. Les deux derniers mois avaient été difficiles. La préparation de son audience à la Cour l'avait rendue nerveuse. Elle avait commencé à se ronger les ongles et s'était mise à faire des cauchemars qui l'empêchaient de se rendormir la nuit, lorsqu'elle était seule. Mes parents avaient insisté pour qu'elle reprenne sa chambre au rez-de-chaussée, en acceptant toutefois que nous dormions ensemble les fins de semaine. Par contre, quand elle faisait un cauchemar, elle venait me rejoindre.

La première fois, je l'avais trouvée au matin, roulée en boule au bout de mon lit.

– Qu'est-ce que tu fais là ?

– J'ai eu un cauchemar.

J'avais ouvert les couvertures.

– Tu vas me faire le plaisir de venir me rejoindre, toi.

Elle m'avait souri faiblement et était venue se blottir dans mes bras. Par la suite, au moins une fois par semaine, je recevais sa visite au milieu de la nuit. Parfois, elle était même encore un peu confuse. Elle ne voulait pas me raconter ses rêves, comme si elle en avait honte.

– Quand j'étais petit, je racontais mes cauchemars à ma mère et après, c'était plus facile de me rendormir.

– T'inquiète pas, je suis très courageuse.

– Je sais.

L'avocate de l'aide juridique devait présenter un dossier en béton pour la demande d'émancipation qui aurait lieu le 13 janvier. Pour ce faire, Daphné devait lui raconter tous les détails de sa vie, d'aussi loin qu'elle pouvait se souvenir. L'avocate voulait démontrer que non seulement la mère de Daphné était incapable de la protéger et de subvenir convenablement à ses besoins, mais aussi que la plupart des familles d'accueil auxquelles elle avait été confiée ne s'étaient pas non plus acquittées de leurs responsabilités. C'était un processus pénible pour Daphné, mais nécessaire, qui lui permettrait enfin de vivre plus librement.

Malgré ce stress constant et ses nuits difficiles, j'avais vu s'opérer une transformation plutôt positive chez Daphné. Elle était maintenant moins renfermée, plus volubile et elle riait plus souvent. Ce qui était merveilleux.

Elle avait conservé ses mèches mauves, mais sa garde-robe s'était quelque peu modifiée, après une séance de magasinage en compagnie de Fanny, avec qui elle avait rapidement sympathisé. Elle était revenue avec quelques t-shirts de couleur, un jeans orange et même une jupe. Cela mettait en valeur ses nouvelles formes que la cuisine de mon père avait largement contribué à accentuer. D'ailleurs toute la famille avait pris du poids et ma mère et moi avions hâte que papa soit satisfait de celui de Daphné, pour qu'il cesse enfin de mettre du beurre dans tous les plats qu'il préparait.

J'étais heureux de la nouvelle personnalité de Daphné, mais j'avais parfois le sentiment ridicule de ne plus lui être totalement indispensable. Quand elle sortait avec Fanny et d'autres amies et que je restais seul à la maison à me morfondre, je sentais que le petit garçon gâté que j'étais était réapparu et je m'en voulais. Dans ces moments-là, j'appelais Pierrot ou Anaïs, qui me ramenaient les deux pieds sur terre.

– Tu t'attendais à quoi au juste ? me demanda un jour Anaïs à l'autre bout du fil. Qu'elle se colle à toi et qu'elle se prosterne jusqu'à la fin de tes jours ?

– Non mais…

– Arrête de penser rien qu'à toi ! Elle t'aime, tu l'aimes, c'est l'essentiel ! Maintenant, sors. Je sais pas, moi, va faire de la planche, va voir Butch et écoute-le te raconter ses niaiseries.

– T'as raison.

– Bien sûr que j'ai raison, qu'est-ce que tu crois ?

Chère Anaïs, mon moral remontait toujours en flèche après lui avoir parlé.

Nous n'avions rien de spécial au programme pour le temps des Fêtes. Mon grand-père n'allant pas bien du tout, donc aucun réveillon de prévu dans la famille de mon père. Ma mère, elle, était enfant unique et ses parents décédés. Nous nous étions donc retrouvés tous les six autour du sapin, à boire du lait de poule et à manger des biscuits au gingembre. J'avais l'habitude de réveillons beaucoup plus animés, la plupart du temps chez Pierrot, mais cette année, une soirée tranquille me convenait parfaitement.

Les jumelles nous avaient préparé un spectacle de chants et de danses qu'il fallut regarder religieusement jusqu'à la fin, puis ce fut le temps de déballer les cadeaux. J'avais choisi pour Daphné un ensemble de pastels et un bloc à dessin, ainsi qu'un recueil de textes de Gilles Vigneault : *Bois de marées.*

– Wow ! s'étonna-t-elle. J'imagine que c'est un signe.

– Un signe ?

– Oui, changer de livre. C'est une nouvelle étape, une nouvelle vie qui commence.

Je souris.

– Je ne l'avais pas vu comme ça, mais oui, c'est vrai. Une nouvelle vie.

Elle me tendit une enveloppe que je regardai, perplexe.

– Pas un vingt dollars inclus dans une carte, j'espère.

– Ben voyons ! Ouvre, tu vas voir.

La carte disait : « Tu amènes qui tu veux avec toi. Mais n'oublie pas que je t'aime beaucoup. »

Et le mot *beaucoup* était souligné trois fois. Dans la carte, il y avait deux billets pour un concert de U2 à Montréal l'été suivant.

– Quoi ? U2 ! Mais comment… ça coûte une fortune !

Daphné me fit un clin d'œil.

– C'est payant de ramasser les crottes des chiens-chiens chéris pendant l'été.

J'eus soudain une envie pressante de descendre lui souhaiter convenablement joyeux Noël dans ma chambre, mais on cogna à la porte et je dus remettre mes plans à plus tard. C'était Butch et Fanny.

– Taboire que c'est tranquille ici ! On s'en vient faire le *party* ! Pierre ! Sors le « fort » !

– Nicolas, du calme ! cria ma mère de la cuisine.

J'oubliais parfois que le véritable prénom de Butch était Nicolas et ça me faisait toujours drôle de l'entendre, comme s'il s'agissait d'une autre personne. Ma mère se faisait un point d'honneur d'utiliser ce prénom ainsi que de ramener mon ami à l'ordre lorsqu'il s'emportait un peu trop. Butch aimait beaucoup ma mère et il faisait de gros efforts en sa présence pour avoir un comportement plus civilisé.

– Alors, me demanda Fanny. Content de ton cadeau ?

– Ouais ! T'étais au courant ?

Elle sourit, espiègle.

– J'ai donné la même chose à Butch.

Celui-ci fit une grimace.

– U2, vraiment… c'est juste une bande de vieux croulants ! J'aurais préféré les Killer Whales ou les Santiago Muppets mais, bon, si vous y allez vous aussi…

Fanny roula des yeux en signe d'exaspération.

– Il va être le premier debout sur son siège à hurler à Bono qu'il l'aime.

– Pfffff… Ça reste à voir.

Vers vingt heures, mon père nous invita à passer à table. Ça devait être le quatrième ou cinquième repas de la journée, sans compter les collations et je n'avais pas faim du tout.

– Mon père nous prend pour des hobbits, commentai-je en citant Pippin. « *Il y a le petit-déjeuner, le second petit-déjeuner, ensuite la collation de 11 heures, le déjeuner, le goûter, le dîner et le souper…* »

– Tu devrais plutôt garder ta salive pour goûter à ça.

Il déposa cérémonieusement sur la table un énorme pain Panattoni auquel il savait que je ne pouvais résister. Un pain italien sucré, dans lequel on retrouvait des petits morceaux de délicieux fruits confits. J'avais toujours encore un peu de place pour ça.

– Marthe a téléphoné, nous informa papa, la bouche pleine. C'est possible qu'elle passe faire un tour ce soir.

La conversation porta sur la travailleuse sociale excentrique, qui nous avait annoncé la semaine précédente qu'elle abandonnait son métier.

– Elle part faire un voyage en Inde, nous dit Daphné. Elle veut « rééquilibrer ses énergies ».

– Ouais, elle a bien besoin de se rééquilibrer, si vous voulez mon avis. Et pas seulement ses énergies…, déclara Butch en faisant tourner un index contre sa tempe.

Il ne l'avait rencontrée qu'une seule fois et cela avait suffi à l'impressionner sérieusement.

C'était pendant l'été, quand Daphné s'occupait encore des chiens des voisins. Marthe était arrivée pendant que les chiens se reposaient sur la pelouse et elle était allée se rouler par terre avec eux en nous expliquant, le plus sérieusement du monde que cela renforçait son chakra. Je soupçonnais Butch d'avoir été surpris de rencontrer quelqu'un d'aussi cinglé que lui.

– Elle veut devenir artiste peintre, ajouta Daphné avec un sourire.

– C'est tout à fait elle, déclara ma mère.

Marthe voulait accompagner Daphné jusqu'à l'audience et ensuite, elle quitterait définitivement la profession, qu'elle trouvait dorénavant trop difficile. Elle aurait voulu aider davantage les jeunes qui lui étaient confiés et se sentait constamment frustrée d'avoir à jongler avec des règles qui laissaient peu de place aux sentiments.

– Si j'ai bien compris, Daphné, commença Butch, quand tout ça sera fini, t'auras les mêmes droits qu'un adulte ?

– Certains droits, oui, répondit-elle, curieuse d'entendre la suite.

– Ben j'me d'mandais si… en attendant que j'aie mes dix-huit ans, tu pourrais pas nous acheter de la bière les vendredis soirs…

– Butch !

– BUTCH !

– Nicolas !

– Franchement, t'es vraiment un imbécile !

L'imbécile, fier de lui, se tapait sur les cuisses en riant.

– C'était une blague !

– Pas drôle…

– Surtout que tes dix-huit ans, tu vas les avoir presque en même temps qu'elle, s'écria mon père, outré.

L'anniversaire de Butch était en février et depuis des mois, il nous rebattait les oreilles avec ça. Il allait enfin pouvoir fréquenter les bars, acheter des cigarettes – il ne fumait même pas –, de l'alcool et louer des films pornos. C'était mon ami Butch dans toute sa splendeur.

Pendant que Fanny se lançait dans un discours, lui reprochant entre autres son manque de maturité, on cogna à la porte une nouvelle fois. Je me levai pour aller répondre.

– Ça doit être Marthe.

– Tous aux abris ! cria Butch en levant les bras.

Mais ce n'était pas Marthe : c'était la mère de Daphné. Quand je la reconnus, par la fenêtre, j'eus envie de ne pas ouvrir. Je décidai plutôt de ne pas la laisser entrer et de voir d'abord ce qu'elle était venue faire ici. Je pris donc mon manteau et sortis.

– Qu'est-ce que tu veux ? demandai-je sèchement en me plantant devant elle.

Elle ne méritait pas que je la vouvoie.

– Je voudrais parler à Daphné.

Elle avait l'air d'une loque. Ses cheveux jaunes pendouillaient misérablement sur ses épaules et son visage terne était maquillé à outrance. Elle portait une veste rouge très courte, faite d'un léger plastique qui ne devait certainement pas la protéger du froid.

– Je pense pas qu'elle ait envie de te parler, dis-je d'un ton ferme en tentant de réprimer le profond dégoût que je ressentais en l'observant.

– Laisse-la décider, fit-elle d'une voix presque suppliante.

Je serrai les mâchoires en regardant derrière elle. Il y avait quelqu'un qui l'attendait dans la voiture en marche.

– T'as amené un pitbull avec toi ?

Elle se retourna.

– C'est ma sœur. C'est elle qui a insisté pour que je vienne.

– Charmant.

La porte de la maison s'ouvrit à ce moment et mon père passa la tête dans l'ouverture.

– Qu'est-ce que… oh !

La femme en profita pour demander rapidement :

– J'aimerais parler à Daphné !

Papa me lança un regard entendu et retourna à l'intérieur.

– T'as de la chance, parce que moi, je serais pas allé la chercher, grondai-je. Je sais par contre qu'elle va venir, parce que Daphné a un cœur, elle. Je t'avertis tout de suite que si tu lui fais le moindre mal, si tu lui dis la moindre parole blessante, je te jure que tu vas le regretter.

Elle m'observa un instant, incrédule, puis je vis ses yeux se remplir de larmes et elle détourna la tête. Ne me sentant pas du tout attendri, je croisai les bras.

La porte s'ouvrit à nouveau, laissant passer une Daphné blême, au regard inquiet, mais déterminé. Elle me prit par le bras et m'éloigna de sa mère.

– Ça va, Alex, tu peux rentrer, chuchota-t-elle.

– Non, je ne te laisse pas seule avec elle.

– Arrête, qu'est-ce que tu veux qu'elle fasse ?

– Je reste ici. C'est pas négociable.

Daphné me fixa un moment, sérieuse, puis me donna un léger baiser sur la joue avant d'aller rejoindre sa mère d'un pas décidé. Elle passa à côté d'elle en ignorant superbement ses bras ouverts et lui fit signe de la suivre jusqu'au trottoir.

D'où j'étais, je ne pouvais pas comprendre ce qu'elles se disaient, mais je pouvais deviner, d'après leurs gestes et les éclats de voix que j'entendais, qu'elles ne se susurraient pas des mots d'amour. Daphné était tendue, les mains obstinément enfoncées dans les poches de son manteau.

Je sentis que quelqu'un sortait de la maison et s'approchait.

– Ça va ?

C'était mon père.

– Mmmmmh.

– Qu'est-ce qu'elle fait ici ?

Je haussai les épaules, impuissant. J'aurais bien voulu le savoir. Nous restâmes quelques minutes en silence à les observer, jusqu'à ce que Butch et Fanny viennent à leur tour nous rejoindre.

– Voulez-vous que j'aille lui casser la gueule ? demanda Butch, toujours aussi diplomate.

– Non, ça va. Tiens-toi tranquille.

J'entendais Daphné hausser le ton et j'essayais de comprendre ce qu'elle disait, mais le bruit du moteur de la voiture m'en empêchait. Puis la porte de la maison s'ouvrit encore une fois, laissant passer ma mère qui s'approcha de notre petit groupe.

– J'ai mis les filles au lit. Qu'est-ce qui se passe ?

– Elles se parlent.

– Vous pensez qu'on devrait intervenir ?

– J'ai suggéré d'aller lui régler son compte, mais ils veulent pas.

– Tais-toi Butch, grogna Fanny.

Cinq minutes s'écoulèrent encore, avant qu'une autre voiture se gare dans l'entrée et que Marthe en descende. Elle s'approcha, les yeux ronds et les cheveux en bataille.

– Mais elle a pas le droit d'être ici !

– Chuuut ! Elles ont des choses à régler, trancha mon père avant que Marthe ne s'emballe. On surveille. S'il se passe quelque chose, on aura qu'à lâcher Butch.

Sa phrase dérida l'atmosphère et je sentis un poids de moins dans ma poitrine. Oui, tout était sous contrôle. Il n'y avait pas de problème.

La neige avait commencé à tomber. Nous étions protégés, sous l'abri des voitures, mais je voyais qu'un petit tas de flocons s'était accumulé sur les cheveux noirs de Daphné.

Elle va prendre froid…

Arrête, t'es ridicule.

Elle pourrait être malade !

Ben voyons.

Je veux la protéger.

Non, mauvaise idée. Elle aimerait pas t'entendre penser ça.

Je sais.

T'es pas son Sauveur, ni son Prince Charmant.

Je suis quoi alors, pour elle ?

Toi. Juste toi. Et c'est suffisant...

– Elles ont terminé !

Sa mère était remontée dans la voiture qui démarra. Daphné marchait dans l'allée d'un pas lent, l'échine courbée. Exactement comme la première fois où je l'avais rencontrée. Je dus me retenir de ne pas aller la rejoindre. Lorsqu'elle arriva à quelques pas de nous, elle releva la tête et remarqua notre présence. Elle nous regarda longuement sans rien dire. Nous devions avoir l'air d'une belle bande d'imbéciles, les uns à côté des autres à sautiller sur place à cause du froid qui nous avait transpercés. Puis, un sourire se dessina tranquillement sur ses lèvres et une larme coula sur sa joue.

– Merci d'être là, dit-elle simplement d'une voix tremblante.

Je m'avançai et la pris dans mes bras pour la serrer très fort.

Sa vie n'allait pas se transformer du coup en conte de fées et il y aurait certainement encore des périodes difficiles à traverser. Mais voilà, cette fille que je tenais dans mes bras, elle était franchement formidable, car ce soir, sans l'aide de personne, elle avait réussi à repousser ce passé trouble, pour pouvoir mener la vie qu'elle s'était choisie et enfin, être libre.

Table

Collection « Ado »

1. *Le Secret d'Anca*, roman, Michel Lavoie. Palmarès de la Livromanie 1997.
2. *La Maison douleur et autres histoires de peur*, nouvelles réunies par Claude Bolduc, avec Alain Bergeron, Joël Champetier, Michel Lavoie, Francine Pelletier et Daniel Sernine.
3. *La Clairière Bouchard*, roman, Claude Bolduc.
4. *Béquilles noires et flamants roses*, roman, Micheline Gauvin.
5. *La Mission Einstein*, nouvelles, Sophie Martin et Annie Millette.
6. *Vendredi, 18 heures...*, roman, Michel Lavoie.
7. *Le Maître des goules*, roman, Claude Bolduc.
8. *Le Poids du colis*, roman, Christian Martin.
9. *La Fille d'Arianne*, roman, Michel Lavoie.
10. *Masques*, nouvelles, Marie-Ève Lacasse.
11. *La Lettre d'Anca*, roman, Michel Lavoie.
12. *Ah ! aimer...*, nouvelles réunies par Michel Lavoie, avec Claude Bolduc, Marie-Andrée Clermont, Dominique Giroux, Robert Soulières.
14. *La Liberté des loups*, roman, Richard Blaimert.
15. *Toujours plus haut*, roman, Louis Gosselin.
16. *Le Destin d'Arianne*, roman, Michel Lavoie.
17. *Amélie et la brume*, roman, Jacques Plante.
18. *Laurie*, roman, Danièle Simpson.
19. *Frayeurs d'Halloween*, roman, Anne Prud'homme.
20. *Amitié, dites-vous ?*, nouvelles réunies par Michel Lavoie, avec Francine Allard, Claude Bolduc et Linda Brousseau.
21. *Le Choix d'Anca*, roman, Michel Lavoie.
22. *Trafic au Mexique*, roman, Jacques Plante.

23. *Petites cruautés*, nouvelles réunies par Claude Bolduc, avec Michel Grenier, Sylvain Meunier, Jean Pettigrew et Guy Sirois.
24. *Deux petits ours au milieu de la tornade*, roman, Francine Allard.
25. *Tempête d'étoile et couleurs de lune*, roman, Louise-Michelle Sauriol.
26. *La Naissance de Marilou*, roman, Richard Blaimert.
27. *La Main de Sirconia*, roman, Claude Bolduc.
28. *Un amour en chair et en os*, roman, Sylvie André.
29. *Le Secret des brumes*, roman, Michel St-Denis.
30. *Projet gicleurs*, roman, Michel Lavoie.
31. *Opération violoncelle*, roman, Micheline Gauvin.
32. *Péchés mignons*, nouvelles, Claude Bolduc.
33. *Mon père, ce salaud!*, roman, Francine Allard.
34. *Les Mémoires interdites*, roman, Ann Lamontagne.
35. *Dragon noir et fleurs de vie*, roman, Louise-Michelle Sauriol.
36. *L'Espion du 307*, roman, Louise-Michelle Sauriol.
37. *Sabaya*, roman, Ann Lamontagne.
38. *Évasions !*, nouvelles, sous la direction de Michel Lavoie.
39. *Une nuit à dormir debout*, roman, Nadya Larouche.
40. *La Rage dans une cage*, roman, Michel Lavoie.
41. *La Nuit de tous les vampires*, roman, Sonia K. Laflamme.
42. *Le Défi*, nouvelles, sous la direction de Michel Lavoie.
43. *La Cible humaine*, roman, Anne Prud'homme.
44. *Le Maître de tous les Maîtres*, roman, Claude Bolduc.
45. *Le Cri du silence*, roman, Francine Allard.
46. *Lettre à Frédéric*, roman, Michel Lavoie.
47. *Philippe avec un grand H*, roman, Guillaume Bourgault.

48. *Le Grand Jaguar*, roman, Sonia K. Laflamme.
49. *La Fille parfaite*, roman, Maryse Dubuc.
50. *Le Journal d'Arianne*, roman, Michel Lavoie.
51. *L'Air bête*, roman, Josée Pelletier.
52. *Le Parfum de la dame aux colliers*, roman, Louise-Michelle Sauriol.
53. *L'Amour !*, nouvelles, sous la direction de Michel Lavoie.
54. *Coup de foudre et autres intempéries*, roman, Josée Pelletier.
55. *Sauve-moi*, roman, Nadya Larouche.
56. *Ma voisine est une vedette*, roman, Maryse Dubuc.
57. *Le Catnappeur*, roman, Sonia K. Laflamme.
58. *L'Enfant du lac Miroir*, roman, Louis Gosselin.
59. *L'Élixir du Trompe-l'œil*, roman, Anne Jutras.
60. *Mensonges !*, nouvelles, sous la direction de Michel Lavoie.
61. *Un cœur en exil*, roman, Josée Pelletier.
62. *Virtuellement vôtre*, collectif, sous la direction de Marie-Andrée Clermont.
63. *La Prophétie de l'Ombre*, roman, Sonia K. Laflamme.
64. *Le Retour d'Anca*, roman, Michel Lavoie.
65. *Vert Avril*, roman, Maryse Dubuc.
66. *Le Souffle de l'étrange*, collectif, sous la direction de Marie-Andrée Clermont.
67. *L'Affaire Saint-Aubin*, roman, Sonia K. Laflamme.
68. *Chronique des enfants de la nébuleuse* I *: Le Château de Céans*, roman, Ann Lamontagne.
69. *Michèle sur le chemin de la lumière*, roman, Lorraine Pelletier.
70. *Entre ciel et terre*, roman, Michel Lavoie.
71. *Cauchemar aveugle*, roman, Fernande D. Lamy.
72. *L'Ombre de l'oubli*, roman, Anne Jutras.

73. *Bye-bye, les parents !*, collectif, sous la direction de Marie-Andrée Clermont.
74. *Cap-aux-Esprits*, roman, Hervé Gagnon.
75. *Là-haut sur la colline*, roman, Claude Bolduc.
76. *Chronique des enfants de la nébuleuse* II *: La Montagne aux illusions*, roman, Ann Lamontagne.
77. *Des vacances dans la tourmente*, roman, Josée Pelletier.
78. *Double croche sur fausse note*, roman, Nadya Larouche.
79. *Nuits d'épouvante*, collectif, sous la direction de Marie-Andrée Clermont.
80. *Pixels*, haïkus, sous la direction d'André Duhaime et Hélène Leclerc.
81. *Chronique des enfants de la nébuleuse III : L'Été de l'Aigle*, roman, Ann Lamontagne.
82. *La Deuxième Vie d'Anaïs*, roman, Sophie Rondeau.
83. *L'Amour bleu*, roman, Michel Lavoie.
84. *Chronique des enfants de la nébuleuse* IV : *La Traversée des ténèbres*, roman, Ann Lamontagne.
85. *Adrénaline*, haïkus, sous la direction d'André Duhaime et Hélène Leclerc.
86. *Cléo arrive au secondaire*, roman, Michel Lavoie.
87. *Slam poésie du Québec*, sous la direction de Pierre Cadieu.
88. *Héros du destin*, collectif, sous la direction de Marie-Andrée Clermont.

FSC
www.fsc.org
RECYCLÉ
Papier fait à partir
de matériaux recyclés
FSC® C100212

GARANT DES FORÊTS
INTACTES

Réalisation des Éditions Vents d'Ouest (1993) inc.
Gatineau
Impression : Imprimerie Gauvin ltée
Gatineau

Achevé d'imprimer en septembre
deux mille dix

Imprimé au Canada